川北義則の名著シリーズ

アラン

幸福論

川北義則

KKロングセラーズ

はじめに

人は、つつがなく暮らしているときは幸福とも不幸とも思わないものだ。平々凡々の生活、それがいちばんいいのかもしれない。

ある日、突然、家族の死に目に遭ったり、あるいは逆に思いもかけず宝くじで一〇〇〇万円が当たったり。たしかに長い人生のなかで、幸、不幸は「あざなえる縄のごとし」が現実だろう。

「幸せ」とは何なのか――。古くから読まれているアランの『幸福論』を私なりに解釈してみたのが本書である。

アランは成人してからも、世俗的な名誉や権力といったものに、まったく関心がなく、もっぱら自己を磨くための思索にふける哲学者だった。そして、学生時代からプラトンやアリストテレス、さらにデカルト、カント、ヘーゲルなどに夢中になっていたという。

社会的名声や名誉欲を一切断って、高校の哲学教師として人間心理の探求に一生を費やしたアランは、二十世紀前半のフランスが生んだ偉大な哲学者といえる。

アランは、かつてノルマンディの地方紙に、二ページくらいのプロポ（エッセイ形式のコラム）を五〇〇〇編も書いたが、その中から「幸福」についての論を約九〇編ほどまとめて出版したのが『幸福論』である。

出版されたのは一九二五年。もちろん、このほか「芸術論集」や「精神と情熱とに関する八十一章」など、アランの出版物は数多い。とにかく現実に密着し、日常生活の出来事をよく観察して、そこから哲学的考察をするのはアランならではの魅力だ。

アランは哲学を論じるとき、むずかしい「認識」とか「実在」などの言葉ではなく、実生活の身近な出来事を述べていく。それゆえ、彼の『幸福論』は、いつの時代でも万人に読み継がれているのだろう。

たとえば、「炉端で犬があくびをしたら、それは、心配事は明日にでも延ばせという猟師たちへの合図である」といった話から入ったり、「少しくらい生活の苦労があっても、まったく平坦な道を歩まないほうがいい。王様が自分の思いのまま何でもできるとなれば、気の毒なことではないか」という、わかりやすい例から、幸せとは何かを述べている。

そして、よく知られているのは「幸福だから笑うのではなく、笑うから幸福なのだ」という論だろう。アランならではの幸福論ではあるが、現実の仕事や夫婦、家庭、そして死などについての実践的な言葉が並べられているのが特徴でもある。

たとえば、本書にもこんな文章がある。「『また雨か、イヤだな』といってみても、何の役にも立たない。だったら『雨もいいものだ』といってみてはどうか。そのほうが、あなたにとってきっとよいはずだ」

アランの数多い言葉の中から、きっとあなたにとっての「座右の銘」が見つかるはずだ。くどいようだが、アランの言葉には、「まず自分がほほ笑まなくて、誰がほほ笑むのか」「幸福であることは他人に対する義務である」など、共感するものが多数ある。年齢を問わず、いつもそばに置いておきたい本なのだ。

なお、本書中にあるコラムは、端的にまとめたアランの『幸福論』とは別に、私自身が「幸福とは何か」について述べた私見であることを、お断りしておく。

二〇一四年秋

川北　義則

CONTENTS

第2章 人間は自分で病気をつくる力も、治す力も持っている　37

第3章　どんな喜びも、行動なしには生まれない　59

第4章　気分や感情は、意志の力で変えられる　87

第5章 いつもすることがあるのは絶対、幸せである 109

第6章 自分の意志でやることは、どんなことも楽しい 127

第7章 忘れることがあるから、悲しみから救われる

第9章 上機嫌は、人を幸福へと導く 193

第10章 礼儀だけでも、世の中は渡っていける 211

第一章

幸福も不幸も、なるべくしてなっている

人がイライラしたり不機嫌なのは、
長い間、立ちっ放しでいたせいかもしれない。
そんなときは、相手を気遣うより先に、
さっさと椅子をすすめることだ。

おむつを取り替え、お乳も与えたのに、赤ん坊がどうしても泣きやまないようなとき、母親は「この子は泣き虫で……」などといろいろなことをいうが、本当の原因は、何のことはない。おむつに刺さった小さなピンのせいだったりする。

アレキサンダー大王に、次のエピソードがある。誰も乗りこなせない暴れ馬がいた。厩舎から連れ出そうとすると、猛烈に暴れて手に負えない。噂を聞いてやってきた青年アレキサンダーは、しばらく様子を見ていたが、いつの間にか馬を手なづけてしまった。あれだけ暴れた馬が、彼の前ではおとなしくなったのだ。

なぜか。理由は簡単なこと。馬は自分の影に怯えていたのだ。それをすぐに見抜いたアレキサンダーは、馬の顔を太陽に向け、影が映らないようにした。馬にとっては影が、おむつに刺さったピンだったのである。

「そんなはずはないのに、おかしいな」などという問題に直面したとき、とかく見当違いの判断を下してしまうのは、理屈で考えるからだ。そういうときは、必ずどこかにピンが隠れている。原因はほかにある。

ピンを探すことを、まず考えよう。そうすれば、人生で不幸な気持ちを味わう度合いが少なくなる。

怒りに震えている人間と、ひどく呟き込んでいる人間の間に、大した違いはない。
そんなときにやるべきことはただ一つ。
全身の緊張を解くことだ。

怒ったとき、人は原因になった事柄に意識が集中する。そして「怒って当然だ」とみんなが思う。それが「間違いだ」ということを、この言葉は教えてくれる。人間は怒る必要など、どこにもないのだ。

道を歩いていて、見知らぬ人にいきなり頬をはたかれたら、誰だって怒るだろう。だが、怒らない選択肢だってある。「なぜ叩くのですか」と聞けばいい。人違いかもしれない。理由がわかれば「なあんだ」ということは、よくある。

怒りの感情は誰もが持っている。だが、嬉しくても表情や態度に表さない人がいるように、怒っても心の内に仕舞い込むことだってできる。つまり、誰が見ても怒っている人というのは、泣いている人と同じで、一種の身体行動なのである。身体行動であれば、アランがいうように呟き込んでいるのと大差はない。

動物と比べると、人間は明らかに怒りすぎだ。動物は必ず意味のある怒り方をするが、人間はやたらと知恵であおるから、正義感の強い人などは年がら年中怒っている。そんなに怒っていて、幸福になれるはずがない。

「人を問いただすときは、心中は怒っても、心に収め、それを口に出してはいけない」（藤原師輔《もろすけ》）

幸福であることには、
人が思う以上に意志の力が働いている。
不幸な人につける薬がないのは、
この意志を欠いているからである。

幸福ということに関して、私たちが常日頃から犯している大きな過ちは、幸福も不幸も同じ「運」だと思っていることだ。たしかに同じ路線を走ってはいる。だが、性質は鈍行と超特急くらいの違いがある。

不幸のほうは、望まなくてもすぐにやって来る。幸福のほうは、望まないと目の前をさっさと通り過ぎていってしまう。幸福の列車に乗るには「乗せてください」という意思表示が不可欠なのだ。

幸福になろうとする努力は決してムダにはならない。というより、積極的にしなければいけない努力である。とくにうつ病の人などは、気分に逆らってでも、ひたすらこの努力をしてみるべきだ。

一日中、もの悲しい気分にとらわれている人は、感情任せにしているからだ。感情というのは、人間にとっていちばんの厄介者だから、好き勝手にさせてはダメだ。どうすればいいか。感情が変化するまで待つのではなく、もっと積極的に意志を働かせることである。「吉凶は人によりて、日によらず」（兼好法師）という言葉は、まさにこのことをいっている。

幸福も不幸も、なるべくしてなっていると肝に銘じたい。

本当のところ、人が幸せだったり、
不幸になる理由は大して重要ではない。
「すべては体の調子にかかっている」くらいに
思っていたほうがいい。

幸福とか不幸を、何か人生の重大事のように考えがちである。だが、そうではない。朝、出がけに玄関でつまずき、駅まで歩く途中で雨に降られ、電車に乗り遅れる。こんなささいな出来事がいくつか重なっただけで、職場に着いたときには、不幸な気分でいっぱいになっている。

寒い日に帰宅して、風呂に飛び込み冷えた体を温める。それだけで「ああ、幸せだなあ」としみじみ思える。一方、何度か女性からフラれただけで、自分を「世界一不幸な男だ」と思うなど朝飯前なのだ。

みんな、幸福や不幸の理由をあれこれ考える。考えれば、理由などいくつでも見つけられる。どれもこれも正しいように思えてくる。でも、翌日は同じ条件が整っても、少しも不幸に感じなかったりする。

なぜか。私たちの気分というものは、想像以上に体調の影響を受けているからだ。体調のよいときは、不平不満は少なく、不幸にも鈍感になる。体調が悪いと、ささいなことが、とてつもなく重大に思えてくる。幸福になりたければ、まず体調を整えること、そして何より大げさに考えるのをやめることだ。

悲しみは病気の一つだから、
あれこれ考えないで、病気のときにするように、
じっと我慢してみることだ。
きっと楽になる。

悲しんでいる人を前にして、ただ「我慢しろ」では無理だろうと思う。せめて慰め、励ましてあげるべきではないか。こう思う人が多いだろう。実際に、そうする人がほとんどだ。悲しみの種は、不幸であるからだ。

悲しみに出会うと、ふだんいい加減な人間でも襟を正す。自分に対しても、他人に対してもそうだ。とくに他人の悲しみに冷淡な人は「ひとでなし」扱いされかねない。悲しみだけは、なぜかみんなが尊ぶ傾向にある。

悲しみとは何か。辞書を見ると、「脱力感、失望感、挫折感などに襲われ、胸を締めつけられるようなときの感情表現」と出ている。感情表現ということは、喜怒哀楽である。喜怒哀楽とは、そのときの気分を表現したものだ。

アランはそれを病気といっている。もしそうなら、喜ぶことも、愛することも、怒ることも、みんな病気だ。この考えは昔からあって、「恋は病」などともいう。この病気には、つける薬がない。ただ、放っておくとおおむね自然に治癒する。

悲しみも同じだから、他人はそっとしておくに限る。本人は、治るまで我慢するしかない。間違っても、わざわざ悲しみをかきむしって、症状を悪化させることはない。世の中には、それをやっている人が少なくない。

わざわざ不幸を選ばない

つらく悲しいとき、
ことさら自分を責めたり、
呪ったりするのはやめよう。
それは、胃袋のせいかもしれないからである。

理性的に思える人でも、想像以上に感情に支配されている。感情くらい厄介なものはない。英国の作家コリン・ウィルソンは、感情についてこう述べている。

「われわれは心と肉体でできあがっていると思っているが、もう一つある。それは感情である。感情は心や肉体と別の実体を持っていて、これのために人生は相当ややこしくなっている」

まったく、そのとおりだ。太陽が雲に隠れているだけで憂うつになるのに、日が出ていても気にもとめない。バスに間に合えば、ほかのことを考えている。感情は、本当にうんざりするほど意地悪だ。つらいとか悲しいという感情も同じである。

この言葉は、感情をコントロールするときに役に立つ。自分がどうしてそうした感情を持つのかを理屈で考えると、必ず迷路にはまり込む。理屈などいくらでも考えられるからだ。アランは、そんなことはしないで「体のせいにしろ」といっている。

それが正しいこともあれば、間違っていることもあるだろうが、多くの場合は正しい。体調が悪いと、マイナスの感情にとらわれやすい。ただでさえ意地悪な感情が、マイナスに傾いては手がつけられない。そういうときは、あえて体調のせいにするのはよい方法だ。胃薬の一つも飲んで、気分転換したほうがいい。

事実は、どんなに悪いことであっても、
同じことがもう起こらないという点で、
よい一面を持っている。

逃亡中の犯罪者が捕まったとき、「ホッとした」と語ることがよくある。「捕まってどうして？」と思うのは読みが浅い。逃亡者にとっては、一瞬たりとも気の休まることのない逃亡生活よりも、刑務所の中でぐっすり眠るほうが幸福なのだ。

似た経験は、私たちも味わうことがある。リストラ宣告は喜べないことだが、「さ れるのではないか」と不安に長いときを過ごすよりも、はっきりいわれたほうが踏ん切りがついてよい。このことがわかれば、好ましくない事実でも、避けたり逃げたりするのでなく、敢然と受け止めたほうがよいことがわかるだろう。

事実は、いつも遠慮会釈なくやってくる。選択の余地などない。なのに、私たちはあるかのように振る舞うことがよくある。事実が目の前に突きつけられているのに、「そんなはずはない」などと文句をいって受け入れようとしない。

そういうときは、「塞翁《さいおう》が馬」の故事を思い出すとよい。人生では、よいこともあれば悪いこともある。よいことが起きたときは、「人生、そんなよいことばかりじゃない」と気を引き締め、悪いことが起きたときは、「すべて悪いとは限らない」と希望を持って受け入れる。この塞翁の姿勢に学びたい。

重大なことは、
すべて思いがけないものである。
したがって、
将来のことなど考えるな。

この言葉には、納得できない人が多いと思う。将来のことを考え、準備するのがふつうの人間だからだ。それなしに、よい人生が送れるとは思えない。行き当たりばったり生きている人間は、おおむねひどい人生を経験させられている。

将来に備えて周到な計画を立て、着実に実行して、定年間近まできた人が、コロッと死んでしまった。自分が将来楽しみにしていたことを、何一つ味わうことなく。たしかに、これはつまらない人生かもしれない。

つまらないと考える人が、きっと多いに違いない。傍から見れば、そうだ。自分で食べようと思って一生懸命に作った料理を、皿に盛ったとたん床にこぼしてしまったようなものだからだ。

しかし、当人の心がけ一つである。もし、その人がそのような行動をしながらも、一方で「重大なことはすべて思いがけないものである」と心得ているなら、他人が考えるほどの悲劇とはいえないのではないか。

将来のためではなく、「将来のため」に準備する足もとの「いま」を大切に生きたのなら、それなりに幸せな人生といえるだろう。

幸福とともになされたことは、
すべて好ましい。

人は家柄や身分より、育てられ方が大切だとよくいわれる。「氏より育ち」ということわざは、そのことを意味している。だが、育ち方の条件によって、同じ恵まれた環境でも、結果はさまざまである。

金持ちの家に生まれ、可愛がられて育っても、よい子ができるとは限らない。親が貧乏で、苦労して育った子どもも、出来のよいのと悪いのがいる。結局、いちばん大切なのは、幸福な環境だったかどうかなのではないか。

親が金持ちであれ、貧乏であれ、幸福な自分を強く感じられる育ち方をした子どもは、おおむねよい性格にでき上がる。幸福感に乏しい育ち方をすると、傍目にはよい環境で育っても、好ましくない人間になりやすい。

何事も、人間にとって大切なのは幸福度である。芸術家の生涯をたどると、悲惨なケースが少なくない。それでいて、人類史に残る傑作を産み出せるのだから、創作に没入することは、やはり幸福度の高いことなのだろう。芸術に価値があるのは、そのおかげである。

幸福は、どんなよいことの指標にもなりうる。

幸せとはいったい何なのか

改めて聞かれても、「困るな」と思う人が多いだろう。「うまいものは何か」と聞かれるようなものだからだ。人によって違ってくる。

誰だって、うまいものを食べたい。だが個々には、うな丼が、ステーキが、カニが、とはいえても、うまいもの一般を説明するのは、かなりむずかしいものだ。幸せも、同じではないか。

幸せ感は、人によって大きく違っている。人から認められ、愛されることが幸せと思う人もいれば、一人部屋にこもって好きな音楽を聴くのが最高の幸せ、という人もいる。

作家の五味康祐氏は、「自分が生きる目的は、好きな古典音楽を聴くことだ」と広言してはばからなかった。芸術家にとっては、創作することが最高に幸せな時間だろう。それが苦行であっても、苦行自体が幸せなのだ。

同じように、お金を貯めるのが幸せであってもいいし、有名になってみんなからチヤホヤされるのが幸せであってもいい。万人に通じる幸せなど、別に考える必要はない。「自分の幸せはこれだ」と思う人は、それへ向かって進んでいけばいい。

では、なぜ幸福論は必要なのだろうか。不幸な気分に覆われて、自分の幸せが何なのかわからない人がいるからである。そういう人は、自分のことを不幸だと思うかもしれないが、まだ自分の幸せを見つけられないだけだ。

いろいろな幸福論を読んで、「なるほど、人はこんなふうに幸せを見つけているのか」と理解できれば、自分に合った幸せを見つけるきっかけをつかめるかもしれない。その際に大切なのは、頭で理解するだけではダメで、「これいいな」という言葉に出会ったら、それが実感できるような行動につなげることだ。

幸福一般については、過去から現在まで、実に多くの人が言葉を費やしてきた。それらの言葉に出会って、私には納得できるものも、納得できないものもあった。どんな言葉にも「時と場合による」とカッコつきの印象が拭えなかった。

そんななかで、「これは普遍的な幸福感を語っている」と思える言葉を一つ見つけた。それを紹介しておこう。

「幸福とは、そのまま変わらないで続いてほしいような、そのような状態である」

（野上弥生子）

第二章

人間は自分で病気をつくる力も、治す力も持っている

「もっと悪くなるのでは」という思いが、
病気を悪化させる。
病気の心配をするより、
健康のふりをしたほうがいい。

昔からいわれる「病は気から」というのは本当だ。いちばんいけないのは、気負けである。気持ちで負けたら、自分自身でどんどん悪くする。

「病を受くる事も、多くは心より受く。外より来たる病はすくなし」（兼好法師）

昔はこういう考え方をする人がけっこういたが、現代人は何かというと、すぐに医者に頼ろうとする。悪いクセだ。現代人のほうが、病気に関しては、昔の人より弱虫になっている。

それは知識のせいである。「血圧が高い」とわかるほうが、知らないよりマシとふつうは思う。正しく対応できればそうなるが、逆の結果を招く人もいる。心配しすぎて、かえって悪化させてしまうのだ。

胃が弱い人は、たえず胃の心配をしている。そんなことでは、胃は健全に働いてはくれない。間違っていても「私の胃は健全だ」と思うほうが消化にはよい。人間の体は、そんなふうにつくられている。

成功理論に「かのごとく振る舞う」という手法がある。現実と違ってもいいから「ふりをしてみる」。お金がないのに、あるような態度をとる。すると豊かな気持ちがよみがえってくる。病気も同じで、健康のふりをしていたほうが治りは早い。

ほとんどすべての病気は、
自分の心がつくり出したものである。
したがって、まず必要なのは、
どんな病気になっても、
足のまめ以上に恐れないことだ。

重い病気の人に、「足のまめ」のことなど持ち出すと、いい気分ではないかもしれない。だが、その気持ちこそが、病気になる人が陥りやすい落とし穴なのだ。

医者にも二つのタイプがあって、一つは患者の話を熱心に聞き、ていねいに症状や治療法の説明をしてくれる医者。もう一つはろくに患者の話を聞かず、さっさと診療を終わらせてしまう医者。患者がどちらを信頼するかは、議論の余地がない。

だが、名医といわれる医者は、後者のタイプに多い。患者を安心させ、自己治癒力を高めることのほうを優先するのだ。ヒポクラテスの時代から、「病気は医者が治すのではなく、患者自身が自分の力によって治す」という考え方がある。この考え方に忠実なのが、後者のタイプの医者である。

十八世紀のオランダに、ヘルマン・ブールハーフェという名医がいた。当時の西洋の医師の半分が指導を受けたといわれるほど名高かった。彼が亡くなったとき、遺品の中から「医療の秘伝」と題された封印書が見つかった。

その中にどんなことが書かれていたか。「頭を冷やし、足を温めよ。これで病気知らず」。たったこれだけの内容だった。自分で病気をつくり出す力を持つ人間は、自分で治す能力も持っている。いちばんいけないのは、心配しすぎることなのである。

喜びにつながるどんな考えも、
健康のためになると思って間違いない。
喜びというものは、どんな名医よりも上手に、
私たちの体を健康にしてくれる。

傑作な話がある。ある戦場で、伍長がしきりに病気になりたがっていた。病気になれば、最前線から外されるからである。ある日、願ったように体調がおかしくなり、軍医に診てもらうと「チフスかもしれない」といわれた。

「バンザイ、やっと病院送りになるチャンスをつかんだぞ！」

大はしゃぎしていると、翌日にはケロッと治ってしまった。「喜びが、彼の病気を治しつつあることが、私にはよくわかっていた」とアランはいっている。

アランの幸福論の特徴の一つに、健康への言及が多いことが挙げられる。健康であることは、それだけで幸福なのだから、幸福になりたければ「まず健康を求めよ」というのが彼の考え方だ。健康こそ、幸福の基本だというのだ。

人は悲しんだり、怒ったり、喜んだりするが、これらの感情を赴くままに放っておいてはいけない。自分で意図的にコントロールすることが大切だ。

それを教えてくれるのが、この言葉だ。悲しいから悲しむのではない。悲しむから悲しいのだ。嬉しいから喜ぶのではない。喜ぶから嬉しいのだ。こういう考え方をいつもしていれば、自ずと感情のコントロールができるようになる。これが、感情を上手に手なずける最良の方法といえる。

どんな医者の薬缶にも、
ほほ笑みほど
素早くよく効く薬が入っているのを、
見たことがない。

ほほ笑みの大切さを語るとき、ほとんどの場合、他人に見せる表情として語られる。アランはここで、ほほ笑む人自身の効用について述べている。あなたは、自分のために、どれだけほほ笑んでいるか。

多分少ないと思う。人のためにほほ笑んでも、自分のためになど、一度も考えたことのない人もいるだろう。自分のためにほほ笑むとはどういうことか。二つの意味がある。

一つは外交術としてのほほ笑みである。この重要さを知るには、世界の要人たちの振る舞いを見てみればいい。どんなに仲の悪い間柄でも、面と向かったときには、お互いにほほ笑んでいる。仏頂面で握手したりすることはない。外交は挨拶なしには始まらない。笑顔は、それほど大きな役目を持っている。

もう一つは、ほほ笑みそのものが持つ力だ。ほほ笑むと体自身によい変化が起きる。気分が悪いときは、ほほ笑んでも効果があるなどとは思えない。だが、それはとんでもない誤りであったことが、いまでは生理学的に認められている。

気分のよいときは努力しなくても自然に顔がほころぶ。したがって、気分の悪いときもやってみることだ。その気がないときほど、より効果があることに気づくだろう。

人間とほぼ同じ環境に置かれた動物たちに
病気が少ないのは、
彼らは不機嫌ということを
知らないからである。

何気ないようで、これはなかなか重要な指摘である。現代人で医者のお世話にならない人はいないが、動物たちは薬もなければ病院もない。それなのに彼らは、立派に生き抜いている。

動物に病気が少ないのは、一口にいってしまえば、食生活が正しく、ストレスが少ないからだろう。野生の動物は食べるのがやっと。だから食べ過ぎは一切ない。これがいいのだ。人間は、とかく食べ過ぎている。では、ストレスのほうはどうか。

動物にもストレスはあるが、人間に比べれば感じる度合いは少ない。彼らは必要以上に争わないし、欲望も際限のない人間さまとは違う。すぐに満ち足りた気持ちになれる、うらやましい存在だ。

したがって、アランがいうように、動物は感情に支配されて不平不満を持ったり、不機嫌にはならない。期せずして、彼らは健康的なライフスタイルを保っているのだ。

内視鏡による大腸ガン手術で、世界的に知られる新谷弘美医師は、十九歳のときに一度インフルエンザで医者にかかった以外、後にも先にも病気をしたことがないという。ベストセラーになった著書『病気にならない生き方』（サンマーク出版）の中で、そう述べている。人間だって、やればできるのである。

想像する不幸は、
いつも実際より誇張されている。
したがって、最大の不幸とは
物事を悪く考えることである。

想像力というのは、人間だけが持つ特権のようなものだ。私たちは想像力を働かせるから、動物とは違った充実した生き方ができる。だが、使い方を誤ると、これが大きな災いをもたらす。たとえば不安、心配、恐怖などの感情は、想像力によって起きてくる。

愛妻が外出して帰りが遅い。「何かあったんじゃないか」。夫は悪い想像を始める。「事故に遭ったんじゃないか」「電話くらいよこせばいいのに」「昔の恋人にばったり出会って」——。だんだんエスカレートしてくる。

そんな想像と小一時間もつきあっていたら、不安、心配、恐怖の感情を、たっぷり味わって、とてつもなく不機嫌になってしまうだろう。「ただいま」と、何事もなく元気に帰宅した奥さんの脳天気な声を聞くと、「いままで、どこをほっつき歩いていたんだ！」と怒鳴りつけることにもなる。

何の根拠もないのに、自分で勝手に盛り上がり、現実に起きたのと変わらぬ反応をしてしまうのが想像というものの怖さである。もちろん、よい想像もあるから、一概に想像を否定することはできないが、アランはどちらかといえば、想像を否定的に見ている。人は、悪い想像をすることのほうが得意だからだ。

人は病気になった瞬間から、
病気になるのではないかという
不安、心配から解放される。

いま、日本でふつうに暮らせる人は、幸福になる基本的な条件を備えている。そんな人たちから幸福を奪っていくのは、不安や心配、そして恐怖心である。人はなぜ不安を感じ、心配をし、恐怖心を抱くのか。よりよく生きるためである。

自分を害する危険や障害を事前に察知する手段として、この能力が与えられたが、度が過ぎると、今度は足を引っ張られる。せっかくの幸福も、ささいな事柄への不安や心配がきっかけで、根こそぎどこかへ持っていかれてしまう。なぜか。想像には恐るべき法則が存在するからだ。

「想像できたことは、すべて実現可能である」（ピカソ）

これが、その法則だ。ピカソは、この法則をよい意味で理解した。成功した自分の姿を想像しながら、ひたすら努力を重ねれば、どんな望みも実現すると。だが、同じことは不安や心配、恐れにもいえるのだ。

病気がちの人は、つねに病気に恐れを抱き、想像したとおり病院へ行くハメになる。また、入院患者によく見られる「治りたがらない病」は、下手に治って、また病気の心配をするより、病気でいるほうが安心できるからだ。この悪循環を断ち切るには、悪い想像をやめ、どんな現実も勇気をもって受け止めることである。

正しくひざまずく姿勢をとれば、
心は安らかになる。

よほど生意気な人間でないかぎり、誰でも何かに祈った経験があるはずだ。人間は、にっちもさっちも行かなくなると祈りたくなる。また、自分の望みを叶えたくて祈ることもある。合格祈願、結婚祈願、就職祈願、なかには「どうか当たりますように」と、宝くじを神棚に上げる人もいる。

祈りを信じているのかと聞けば、「そうでもないけどね」と答える人が多い。では、なぜ祈るのか。そもそも祈るとは何なのか。自分の心を安らかにしたいためだろう。どんなに真剣に合格祈願しても、確信を持てるはずがない。宝くじが当たるはずもない。だが、何もしないでいるのが、いたたまれないからでもある。

「祈りは神を変えはしないが、祈る者を変える」（キルケゴール）

こと祈りに関しては、この言葉がすべてを言い尽くしている。祈りの効用とは、自分の心持ちを変えることなのだ。しかし、種種雑多な神様に、人間の勝手気ままな願望を祈って、どうしてそんな効用が得られるのか。

姿勢のせいである。寝そべって祈る人はいない。ポケットに手を突っ込んだまま祈る人もいない。人間にとって、姿勢とはそれほど大きな意味を持っている。もっと、背筋をピンと伸ばして生きていきたい。

あくびは、みんなが待ち望んでいる
「解散！」の合図のようなもので、
いつでもよい徴候である。

あくびを幸福と結びつけたのは、後にも先にもアランくらいだろう。あくびは、退屈の象徴でもあるが、アランのいうように、本当に「よい徴候」なのだろうか。

あくびは、よくわからない身体行動の一つである。眠たいときによく出るので、「そろそろ寝なさい」と体が要求していると思っていたが、実際は逆で、目を覚まさせるものらしい。たしかに、あくびをすると気分が一新する。

口を大きく開けて酸素をいっぱい吸い込んで、頭をはっきりさせようとしているのだ。学校の授業とか講演会などで、退屈すると生あくびがよく出るのは、「さあ、目を覚ましなさい」という合図なのである。

脳の専門家によれば、あくびは古い脳の働きだというから、人類は大昔からあくびをしてきたのだ。人前であくびをするのは失礼、という考え方があるが、くつろいだ席では別に問題はない。

それが、どう幸せな気持ちと結びつくのか。いまいちわかりにくいが、一ついえるのは、あくびをするのは気持ちがよいことだ。気持ちのよいことは、どんなことでもやってみる価値がある。

好きな人と結婚できれば幸せか

男女ともアツくなっているときは、「これこそ人生最高の幸せだ」と思うだろう。だが、少し思慮深い人は、「そのときは最高だろうが、人の心は移ろいやすいからな」と割り引いて考えるはず。

現実にも、命懸けでほれた異性と一緒になれた者が、真の幸せを手に入れる確率は非常に低い。たぶん、カッカしているときがピークだからだろう。したがって、この場合の幸福度は一〇〇点満点で二〇点くらい。思いの外、幸せをもたらしてはくれないということだ。

その根拠は、人の好き嫌いというのは時間とともに変化するからである。誰もが経験上知っていることだ。色恋沙汰が大変なのは、そのせいでもある。だが、それをパターン化すると意外にも単純なもの。人の好き嫌いの変化というのは、次の四パターンしかない。

①はじめ好きで、だんだん嫌いになる
②はじめ嫌いで、だんだん好きになる
③はじめから好きで、いまも好き
④はじめから嫌いで、いまも嫌い

好きな異性と結婚して、ずっと幸せであるためには、四つのうちの③に該当しなければならない。お互いに、ずっと好きなまま、いつまでいられるか。その確率は、そんなに大きくはないだろう。

参考までにいえば、四つのパターンのうち、いちばん長続きするのは②のパターンである。はじめは嫌い、あるいはそれほど好きではなかったが、つきあっているうちにだんだん好きになっていく。この変化が、いちばん好ましいような気がする。

しかし、現実にいちばん多いのは、いうまでもなく①のパターン。一目惚れも含めて、はじめによい印象を抱き、その流れのなかで、どうしても結婚したいとなるが、一緒に生活してみると、お互いに飽きがくる。「なあんだ」と熱もすっかりさめる。そして、好きでも嫌いでもなくなり、それが極端になると、はっきり嫌いになる。それでも別れず、ダラダラと結婚生活を続けるか、離婚になるかである。

世の中のほとんどの結婚は、このパターンではないか。こう見てくると、「好きな人と一緒になれれば幸せ」と思うのは、ほとんど「気の迷い」のようなものといえる。ただ、そう思えないところが、恋の病の怖さなのだ。

第三章

どんな喜びも、行動なしには生まれない

とにかく出発しなさい。
どこへ行くかは、
それから決めればいい。

ふつう、世の中でいわれているのは逆のことである。物事は、ちゃんと準備してから始めなさい。目的がない？　そんなのは論外だ。この言葉は「いったい何を考えているんだ」といいいたい。とても大人のやることとは思えない――。

たしかに、そのとおりだろう。賢い大人は、目的なしに行動しない。目的を持てば、計画を立て、周到な準備もする。そうやって始めるから成功する。だが、そうとも限らないではないか。世の中には失敗者のほうが数は多い。

子供時代を思い出してみてほしい。あなたは何か、目的を持って日々を過ごしていたか。そんなものは、なかったのではないか。気がついたら生きていて、生きているから、とにかく動き回っていた。いつも楽しいこと、心地よいことを目指していた。子供時代が懐かしいのは、そのせいである。

懐かしく思えるのは、幸福だった証拠だ。そのとき、どう思っていたかはわからないが、幸福の渦中にいる人間は、そうと気づかないことがしばしばだ。どんな喜びも、行動なしには生まれない。これだけはしっかり胸に刻んでおこう。

人は考えることで悩み、
行動することで救われる。

アレキサンダー大王に次の逸話がある。砂漠を行軍中のこと。兵士は、みんな喉がカラカラだった。誰かが、なみなみと水の入ったカブトを大王の前に差し出した。彼は丁重に礼をいうと、全兵士の見ている前で、水を砂漠にぶちまけた。

「いざ、進軍せよ。われわれは疲れもしないし、乾きもしない！」

兵士たちは歓声を上げげた。直前まで、彼らの頭の中は水のことだけだった。

「水が欲しい」

「水が欲しい」

考えれば考えるほど、絶望感に襲われたはず。アレキサンダー大王の行為は、そんな兵士たちの悩みを吹き飛ばしたのである。

幸福になりたいと、私たちはいろいろ考えるが、考えても幸福はやってこない。幸福をもたらしてくれるのは、いつだって行動である。行動なしに手に入るものはない。棚から落ちてくるボタ餅だって、受け止める行動なしには手に入れられない。

幸福になりたければ、考え込むよりも、行動を先にしたほうがいい。考えがまとまってから行動に移そうとしていたら、行動など永遠にできない。見切り発車でかまわないから、行動することが先である。

行動することの楽しみは、
必ず期待した以上のものを
与えてくれるところにある。

行きたくもないのに、「山登りに行かないか」と無理やり連れて行かれたとする。最初はイヤだったが、そんな人でも、頂上に立ったときは「来てよかった」と心の底から思うだろう。こういう経験は、誰にでもあるはず。

何かをすることを想像すると、「ああ、面倒だな」と思うことが多いが、いざ始めてみると、予想していなかった楽しみが見つかる。だから、できることは何でもやってみるに限る。行動するのに理屈はいらない。

世の中が便利になると、行動しなくてすむケースが多くなる。それに慣れて、現代人は行動が少なくなった。これは、よくない傾向ではないか。何かを学ぶ最善の方法は、実際にやってみることである。

人が行動しなくなるのは、壁にぶつかるからだ。だが、そこでやめては、いつまでたっても行動的にはなれない。始めたらやり切る姿勢が大切。たとえばブログを始めたら、いくら更新がつらくてもやり続ける。続けることで壁を突破できる。

ギリシャの哲学者ディオゲネスは「行動を伴わない楽しみよりも、むしろ行動を伴う苦しみのほうを選べ」といっている。そのほうが、確実に人生が楽しくなる。なぜなら、必ず期待した以上のものが与えられるからである。

行動することの大きな利点は、
選ばなかった選択肢を、
忘れられることである。

複数の恋人を持ち、いずれはするだろう結婚相手を「どれにしようかな」と、悦に入っている男がいる。いい年をして恋人がいなくて、結婚相談所に駆け込む男に比べればけっこうな身分だが、婚活レベルでは問題がある。

見方を変えれば、選択しきれずに迷っているのと同じだからだ。なぜ決められないかといえば、彼の目には誰もが「帯に短し、たすきに長し」。できれば、全員と結婚したいと思っている。

人生では、これに似た悩ましい問題によく出会う。学校の選択、就職の選択、日常生活では、ランチのメニューまでもが、悩みの種。この悪癖にハマると、人は活動的ではなくなる。

最良の選択をしたいなどと思ってはいけないのだ。二つの道を同時には歩めない人間にとって、それは永遠の謎である。複数の恋人を前に悦に入っていた男でも、いつまでも決められなければ、全員にフラレるだろう。

とにかく、さっさと行動を起こすのが肝心。そうすれば、アランがいうように選ばなかった選択肢のことなど、きれいさっぱり忘れられる。優柔不断という「人間のすることで最悪なこと」をしないですむ。

悩みがあるときは、
理屈で考えるのをやめ、
屈伸運動に切り替えてみよ。
その効果に、きっと驚くだろう。

「そんなバカな」と思う人が多いのではないか。運動くらいで解決する悩みなら、すぐ行動に移していると。考えなければいけないことだから、考えるのだ。ヘンなことをいわないでくれ、と思うかもしれない。

たしかに、ごもっともな意見だが、残念ながら間違っている。思い出してもらいたい。過去に、悩みに悩んでいたことを、どのように解決したか。ほとんどのことは、突然、思いがけない形で解決したのではなかったか。

悩みを、頭で考えて解決しようとするのは、自分が頭と肉体でできあがっていると思っているからだ。好きな人と結婚しようかどうか迷っているとき、どう考えても肉体の出番とは思えないだろう。

だが、忘れていけないのは、人間には頭と肉体と、もう一つ感情という実体があることだ。頭で考えていると、感情が出しゃばってきて邪魔をする。感情に邪魔されないためには、肉体を使うほうが効果的なのである。

指揮者の小澤征爾さんは、舞台に出る直前、必ず木製のものに触ってから出て行くという。その日の演奏に関するあらゆる不安や悩みを、その行為によって吹っ切るのだ。それをしなかったら、彼は演奏できないに違いない。

大きく伸びをしたり、
あくびをするのは、
幸せな証拠である。

何気ないようで、これは重要な指摘である。人は悲しいときや怒っているときに、そんなことはしない。あくびをするのは、くつろいだ気分のときである。

あくびや伸びをするのは、緊張していない証拠。犬や猫は、よくあくびをしたり、背伸びをするが、彼らとて緊張状態ではやらない。

あくびをすると、脳内伝達物質のセロトニンが分泌されるという。セロトニンは「幸せ物質」といわれるホルモンである。人間が幸せを感じるのは、セロトニンという物質と大いに関係があるらしい。

セロトニンは、朝の光を浴びると体内で合成される。このセロトニンと、睡眠ホルモンのメラトニンは深く関わっているという。人間の幸福感は、陽の光を浴びるとか、眠るとか、自然の触れ合いと強く結びついているのだ。

「もっとお金があれば」「好きな人と一緒になれれば」——。私たちが求める幸福は、一面的にすぎるのかもしれない。あるいは間違っているのか。お金を得て、好きな人と一緒になっても、幸福でない人はいくらでもいる。

「世の中に寝るほど楽はなかりけり。浮世のバカは起きて働く」

上機嫌は存在しない。
気分は、いつだって悪いのがふつうである。
したがって、
幸福とは意志と抑制の産物である。

学生時代、「勉強したい」という気分よりも、「勉強したくない」という気分のほうが圧倒的に多かったことを覚えているはずだ。気分というものは、扱いにくいのが当たり前。だから、気分任せ、成り行き任せにしてはいけない。

そんなことをすれば、楽なほう楽なほうを選ぶに決まっている。その結果起きるのは、自分にとって好ましいことではない。成績が下がって叱られる。仕事を怠けて信用をなくす。ろくでもないことばかりだ。

幸福になるためには、第一に自分の気分をコントロールできなければならない。コントロールするよい方法は、よくない気分に逆らった考え方や行動をしてみることだ。だが、実際には気分に逆らうのはむずかしい。そこで、アランがすすめているのが行動を起こすことだ。行動は肉体を使う。肉体を使うと、気分は変わりやすくなる。手っ取り早い方法としてアランがすすめる行動は、体操と音楽鑑賞だ。

とにかく気分がよくないときは、自分の好みでも何でもいいが、全然関係のない行動を始めることで、自分の気持ちを上機嫌に持っていく。このクセがつけば、あなたは気分を支配できる。

幸運も不運も、アテにすべきではない。
危険なときはしかるべき対価を払い、
平時は風向きに身を任せればいい。

運を天に任せる――いまどき、そんな生き方をする人は少ないと思われがちだが、実情はそうでもない。気持ちのうえでは「そんなことはない」といいつつ、けっこう運を天に任せる「運天な生き方」をしている人がいる。

ある女性占い師を知っている。自宅で地味にやっているが、口コミの伝播力によって大繁盛している。彼女のやり方は一種の出張鑑定。相手の家や喫茶店に出向いて、顧客と面談するのだ。

彼女の話を聞いてわかったのは、社会から評価されている成功者のなかにも、占いを頼りにしている人たちがけっこういることだ。昔から権力者は占い好きというが、人の上に立つ人ほど運に頼りたくなるものらしい。

アランは、そういう生き方に批判的だ。これを読んだとき、夏目漱石の次の言葉を思い出した。「運命は神様の考えるものだ。人間は人間らしく働けば、それで結構だ」。アランがいっているのも、まさにこれではないか。

ピンチのとき運に頼るのは、税金逃れのようなものだ。払うべきものはちゃんと払いなさい。平穏無事なときは、あえて運など求めずにおとなしくしていなさい。どちらにしても、運は自分の思うようにはならないからだ。

自分の過ちと向き合って
「俺はバカだった」といえる人は、
その経験を消化して、
強く前進できる人である。

他人のミスにはきびしいのに、自分のことになると、あれこれ理屈をいって、決して認めようとしない人がいる。それだけならまだいい。自分の仕出かしたことを、人のせいにする。こんな上司の下で働くのは大変だ。

なぜ、そんな性格になるのか。自分を省みることが少ないからだろう。何かあると、自分の外に目を向けてしまうのだ。外に目を向ければ、理屈などいくらでも立つ。言い訳が、いつももっともらしいのはそのためだ。

他人のせいで、自分に不都合が起きることは少ない。どんなに他人のせいに見えても、自分に起きたことの責任は自分にあるものだ。だから、「俺はバカだったな」と思える人は賢明なのだ。

弱い人ほど、自分を省みず、不都合なことを他人のせいにしたがる。そんな自分を改めるには、どうしたらいいか。「言い訳をしない」と心に決めることである。言い訳を一切やめれば、不都合は自分に跳ね返ってくる。自分自身を省みなければならなくなる。それが成長するきっかけになると、アランはいっている。

手の届くところから始めてみよ。
どんなに小さな努力であっても、
結果を積み重ねることは
できるのだから。

これも、役に立つ貴重な言葉だ。身の程を知るのはよいことだが、あまりに知りすぎて消極的になってしまう人がいる。そういう人は、危険は避けられるが、新しいものは手に入れられない。結局は、ジリ貧人生になる。

アランがこんな例を挙げている。大きな庭園を持つ友人が嘆いた。「虫が異常発生して樹木がやられていく。いずれ、みんな枯れてしまうだろう。その姿を見たくないから、庭園を手放して引っ越すつもりだ」

アランはいった。「戦うべきだ。君が虫一匹殺しても何の役にも立たない。職人を総動員しても、ダメかもしれない。だが、全部は無理でも、何本かは助けられるかもしれないではないか」。戦う前から負けてどうするのか、というのだ。だが、賢い人間ほど庭園所有者のように考える。

虫に挑むのは自然に挑むのと同じで、人間に勝ち目は薄い。だが、アランがいったような生き方をする人間がいたから、人類はここまで発展してきた。もし、庭園所有者のような人間ばかりになったら、人類は遠からず滅びるだろう。

知恵は大切だが、どんなときも敗北主義的に用いてはならない、ということだ。

独身主義者は
「結婚など割に合わない」という。
人は自分の持っていないものには、
間違った判断を下すことが多い。

私たちは気がつかないところで、多くの間違いを犯している。この言葉は、それへの忠告だ。心して耳を傾けるべきである。

私たちがいちばん間違うのは、嫌いなものについてだろう。たとえば、チーズの嫌いな人は、チーズをほとんど食べない。食べないから、いつまでたってもうまさが理解できない。わかっていないのに嫌うのだ。

いまでも語り草になっているのは、一九六〇年の安保闘争。反対の群衆が国会周辺を埋め尽くす騒ぎだったが、群衆の大部分は、「なぜ反対するのか」を理解していなかった。正しく理解していれば、反対運動など起きていない。

人間は付和雷同しやすい。とくに同じ立場の人間は、「みんながそうなら、きっとそうなのだろう」とよく考えないで同調してしまう。この罠に落ちないためには、自分の意見や判断に逆らってみることも必要だ。

理屈で考えると、どんなに思いを巡らせても、行き着く先は「いつもと同じ」になる。そういうときはカンを働かせる。カンはふだん使わない右脳の考えだから、自分の気持ちに逆らう判断をよく下す。それがいいのだ。

誰も望まないような、地味でつましい生き方を、
賢人たちが率先して選ぶのは、
やっと手に入れた心の平穏を
失いたくないからである。

いまの時代、お寺の偉いお坊さんのなかには、平均的な一般人の生活より質素な暮らしぶりの人がいる。贅沢すればできるのに、なぜなのか不思議に思ったことはないだろうか。

哲学者のディオゲネスなど、樽の中で浮浪者同然に暮らしていた。われわれから見れば、かなりみっともない姿だ。彼はアレキサンダー大王から「どんな望みも聞いてやる」といわれたのに、「陽が当たらないから、そこをどいてくれ」と頼んだだけだった。

彼らは質素が趣味なのか。そうではない。自分にとって、もっとも幸福なライフスタイルだからである。幸福を求める点では、偉い人間も変わりはしない。求めた結果、そのような暮らしぶりに落ち着いたのだ。

金持ちになっても、権力を持っても、快楽に溺れても、別の苦労が必ずついて回る。わずらわしい。彼らは思索や修行でそれを悟り、自分の心がいちばん幸福でいられるライフスタイルを選んだにすぎない。

人それぞれだから、私たちが真似する必要はない。ただ、人の生き方に余計な口は挟まないほうがいい。

お金があれば幸せか

お金が使いきれないほどあって、欲しいものは何でも買え、やりたいことは何でもできても、幸せになれない人がいる。一方で、毎日の食事をするのがやっと、いつもお金がなくて困っていても、幸せに生きている人もいる。ここから「お金がすべてではない」という考え方が出てくる。

この考え方を一歩進めたのが「清貧の思想」である。お金になんかこだわらないで生きる。あればよいし、なくてもバタバタしない。ムダなお金は使わないようにして、お金に振り回されない人生を送ろうというものだ。

お金に淡白に生きるのが、清貧の思想ともいえる。彼らは「幸せは、お金で買えるものではない」と信じている。だが、あくまで少数派。大多数の人は、お金を求めている。

「もっとお金があれば、人生が楽しくなる」

と思い、「お金が幸せな人生をもたらしてくれる」と確信している。逆にいえば、「お金のない人生は不幸だ」ということ。あなたは、どちらの考え方だろうか。

お金で幸せが買えるかどうかという議論は、はっきりいって不毛である。買える幸せもあるし、買えない幸せもある。お金があれば、買える幸せはさっさと買って、買

えない幸せを得ようと努力すればいいではないか。両方手に入れれば、こんな幸せな

ことはないだろう。

私にいわせれば、お金がもたらしてくれる幸福度は、一〇〇点満点で七〇点くらい

だろう。清貧の思想の持ち主がいうように、お金で買えない幸せももちろんあるが、

現実には買える幸せのほうが圧倒的に大きい。

「幸せは、すべてお金で買える」は言い過ぎでもあると思うが、それにほぼ近いのが

実情だろう。この現実を無視しては、現代では絶対に幸せにはなれないだろう。

個人的にお金で手に入れる幸せをすべて満たした人は、次に事業欲を拡大して、会

社をどんどん大きくすることに満足を得るようになる。どちらにしても、人間の欲は

きりがないのだ。

だが、お金で買える幸せを手に入れるには、限界がある。英国の作家モームは、

「十分なお金がなければ、人生の可能性の半分は締め出されてしまう」といった。時

代が進んで資本主義のいまは、七〇％は締め出されてしまうだろう。

お金だけが人生ではないが、お金のない人生もまた、人生とはいえない。

第四章

気分や感情は、意志の力で変えられる

不機嫌や憂うつや退屈を、
天気のように変えられないと思うのは
間違っている。

「いま、そんな気分じゃないから、ちょっと待ってくれる?」。私たちは、こんな言い方することがある。いわれたほうも「それなら仕方がない」とあきらめたりする。こういうことがよくあるが、これはいいことなのか。

いわゆる、気分に任せるのは決してよいことではない。アランは気分や感情というものを、意志の力で変えることをしきりにすすめている。問題は、意志の力で気分を簡単に変えられるかどうかだ。

すぐにでも仕事をしなければならないのに、その気にならない。こういうとき、やる気に持っていくのが大変なことは、多くの人が経験しているだろう。だが、私たちはだまされているのだ。

アランは、こういっている。「本当の感情は意志によってつくられる」。やる気にならないのは、入り口で戸惑っているだけなのだ。第一歩を踏み出す意志さえ働かせればいい。そうすれば、どんなことでもすぐに始められる。やる気にならないのは、朝目覚めたときのぼんやり感と同じものと考えればいい。大きな背伸びか、コップ一杯の水ですむことである。

大げさにいわない

とかく感情というものは、私たちを欺く。
下手をすると何度でもだまされる。
こんな感情にだまされない秘訣、
それは何事も大げさにいわないことだ。

失礼かもしれないが、失恋した女性の話を聞くのが愉快なときがある。黙って聞いていると、いつの間にか自分を悲劇のヒロインにしてしまっている。だが自分では、そのことに気づいていない。

大げさに語ると、こういうことになる。気分とか感情というものは、語る人間をたぶらかす。あなたは、風邪で高熱を出し、ぐったりして、起き上がることもできないとき「このまま死ぬのでは……」と思ったことはないだろうか。治ればケロッと忘れてしまうが、そのときの感情はかなり深刻なものであったはずだ。

放っておくと、私たちの感情はとかく大げさになる。それを許していたら、感情に振り回されて疲れるだけ。恋愛など、うまくいくのは一〇回に一回くらいと思えばいい。そのくらいの気持ちでいれば、自分を追い込まないですむ。

自分に関しては、何でも大げさにいわないに限る。大げさにいったり、考えたりしていると、それにつられて感情がだんだんエスカレートして、結局、自分自身がだまされることになる。

「感情を得て眼鏡を曇らすものだ」（徳富蘆花）

幸福になる秘訣の一つは、
自分自身の不機嫌に無関心でいることだ。
自分の不快や苦しみを、
後生大事に抱えている必要はない。

人がよく陥る罠がこれだ。「私って、なんてかわいそうな人なんでしょう」と、盛大に嘆いてみせる。かりに客観的にそうであっても、他人がどうしてやれるものでもない。そんな考えは、自分でさっさと手放すこと。わざわざ、それを抱きしめている人間が、幸福になれるわけがない。

不機嫌もそうだ。頭痛が起きるとその原因を考えるように、不機嫌な気分になると、なぜかその気分に迎合してしまう。つきあって少しも楽しくない友人なのに、なぜかいつも一緒にいる。

片ときも忘れていけないことは、気分は自分の味方ではないことである。一つ屋根の下に住んでいながら、味方として働いてくれることはめったにない。いつも問題ばかり起こす傍迷惑な同居人のようなものだ。

不機嫌に対しては、これからは面倒見のよい下宿人のおばさんのような態度を見せるのは一切やめよう。否定することも敵対することもないが、よけいな心配りはせずに、放っておくのがいい。

気分に身を任せる者は、
概して不幸になり、意地悪になる。
なぜなら、もともと人は点検と管理を怠ると、
すぐ悪いほうへ向かうようにできているからだ。

親の監視の目が行き届かなくなると、子どもはたちまち、親が禁じていることを始める。子どもは理性よりも気分で生きているからだ。ところが大人になっても、気分に任せて生きている人がいる。

そういう人の特徴は何か。自分の気分を、まるで自分の子どものようにかわいがり、甘やかしていることだ。気分のいうことなら、何でも聴いてあげる。気分を大切にすることが、自分を大切にすることだと思っている。

何度もいうように、気分はわがままな子どものような存在だ。親が子どもを監視するように、つねに見張って、道を誤らないように導かなければいけない。それには、理屈は必要ない。

どんな道具や機械も、メンテナンスを怠ると故障する。使い終わったガス台をきれいに掃除するように、点検と管理をしっかりする。面倒でも、気が向かなくても、機械的な行動としてそれを行ってみることだ。

つまり、気分に関係なく、するべきことはさっさとする。子どもがいくら欲しがっても、「ダメです」というときがある。それと同じことを気分にもする。それが、気分をという子どもを持った親の責任でもある。

自分の気分を支配するより、
他人の気分を支配することのほうが
ずっと簡単だ。

機嫌が悪いときは、人に会いたくない。ちゃんとした応対に自信が持てないからだ。たまたま、向こうの機嫌も悪かったりしたら、目も当てられない。ちょっとした一言の言い合いで、ケンカになるかもしれない。

向こうの機嫌がよいのも、うっとうしい。こちらが落ち込んだ気分なのに、妙にニコニコされたら、「あっちへ行ってくれ」といいたくなる。こんなときに面会を求められても、「申し訳ありませんが……」と何か理由をつけて断ることが多いだろう。

実は、これは損なやり方なのだ。自分の気分の悪いときほど、どんどん人に会ったほうがいい。会ってどうするのか。自分の不機嫌は隠して、精いっぱい機嫌よく応対してみる。すると、不思議と自分にも元気が出てくる。

なぜなのか。それを説明しているのが、アランのこの言葉だ。自分の感情をコントロールするのはむずかしい。だが、他人を喜ばせるのなら、お世辞の一つもいえばいい。喜んだ相手は、きっとあなたも喜ばせてくれるだろう。

その結果、何が起こるか。お互い、自分自身ではむずかしいことを、他人を通じてやってもらえるのである。気分の悪いときほど、人と会い、人を喜ばせよう。それが、自分を元気づける手っ取り早い方法である。

何でも、先に感謝しておくといい。
なぜなら、よい前兆は、
それを本当に
実現させるからである。

期待という言葉には、ワクワク感がある。「期待して待ってて」といわれると、何となく嬉しいが、「あまり期待しないで」といわれると、少々寂しい気持ちがする。何がどうあれ、人間は「期待する動物」なのだ。

インチキ商法がつけ込むのは、いつもここである。人を期待させて、お金を巻き上げる。ずる賢い政治家も同じことをする。これでいちばん成功した政治家は、ヒトラーだといわれている。

期待するのは悪いことではない。しないよりはしたほうがいい。前祝いは、どんどんやるべきなのだ。感謝も同じである。

感謝する材料を見つけているようではダメ。手当たりしだいに、何に向けても感謝、感謝の気持ちを持つようにする。そうすると、不思議なもので、あちこちから材料が出てくるものだ。

なぜなのか。感謝は期待したことの先取りだからだ。感謝が多ければ、よいことも多くなる。アランがいっているのは、それだ。いつも幸福な気分でいたいなら、この言葉を覚えておくといい。

自分のことを「寛大な人間だ」と思えるのは、
自分が他人に与えている迷惑以上に、
他人から迷惑を被っていると
勝手に思い込んでいるからである。

誰にでも自分勝手なところがある。この点は、よく反省したほうがいい。迷惑をかけられるのは、誰だってイヤだが、少々のことはみんな我慢する。我慢して思うのだ。「俺も、けっこう寛大な人間だな」

この気分は悪くない。電車の中で足を踏まれると、「気をつけろ」とすぐに怒っていた人間が、たまたま穏やかに振る舞っていると、よい気分を味わう。味を占めて、だんだん寛大になっていく。これは一つの進歩といえるだろう。

だが、忘れてはいけないことがある。自分が他人にかけている迷惑についてだが、これを忘れている人が、案外多い。自分を寛大な人間だと自負する人ほど、自分が他人にかける迷惑には無頓着なものだ。

自分の寛大さに自信を持つ人は、よくこんな言い方をする。「私は、他人さまに迷惑などかけていません」。こういう人に出会うと、私は内心「よくいうよ」と思ってしまう。

迷惑は、かけられた側が感じるもので、かける側が決めることではない。それなのに、「迷惑をかけていない」と言い張る。そんな態度がどれほど迷惑なものか、よく考えてみるべきだろう。

握手の手を差し出せば、
ゲンコツは振るえない。

たとえば、家で親しい人たちが集まってホームパーティーをやっていたとする。そこへ、招かざる客がやってくる。ホスト役は一瞬、不快な感情に襲われるが、そんな思いは顔に出さずに快く迎え入れる。

「向こうが勝手に来たのだから、追い返せばいいのに」。こういう意見も当然出てくる。それも一つの見識だが、人間関係を良好に保つには、自分の気持ちとは違う態度や行動をとることも必要だ。この言葉は、そのことをいっている。

人づきあいの良し悪しは、幸福の大きな部分を占める。自分の周りの人間を、自分の味方にするか、敵に回すかで人生の色合いは違ってくるからだ。また、いつ、どんなとき、人の世話にならないとも限らない。

ふだんから、味方になってくれる人をつくっておくのがいちばんいい。そのためには思ったことをすぐ口にしたり、行動に表すのではなく、むしろ自分の気持ちに逆らうようなことにも、瞬時に対応できるクセをつけておくこと。

街で顔見知りの人に出会ったら、ニッコリほほ笑んでお辞儀をする。日本人はどちらかといえば握手は苦手だが、その効用を考えれば、仕事の場面などでは、もっと積極的に握手したほうがいいと思う。

男に、やるべき仕事があるのはよいことだ。とかく陥りがちな思考の堂々巡りから、われわれを救い出してくれる。

「ああ、仕事なんかしたくない」。心の底からこう思う人は、幸福と不幸を取り違えているのではないか。男にとって、やるべき仕事があるのは、よいことであり、幸福なことでもある。

それが、不幸に感じられるのはなぜか。仕事があるのに、しようとしないからだろう。仕事というものは、やり続けているうちに感興が湧いてくる。やる前は想像が邪魔をして「つまらないよ」としきりにささやく。

思考の堂々巡りである。本当に仕事がない不幸は、引退した高齢者がたっぷり味わっている。だが、「仕事がしたくない」のは仕事がある場合だから、完全に取り違えているのだ。

そんな自分の気持ちの落ち込みは、仕事にあるのではなく、別の理由だ。それに気づかず思考の堂々巡りで、自分の健康を悪化させているのが、うつ病の人たちといえるだろう。

思考の堂々巡りに陥ったら、原因は別にあるかもしれないのだから、まったく違った角度から発想してみること。もしかすると、ちょっとした息抜きが欲しいだけかもしれない。

家庭が円満なら幸せか

家庭は、もっと大切にしたほうがいい。

バリバリ仕事をしている男に限って、家庭を顧みない。子どもの教育から何から、すべて妻に任せっきりにする。長いサラリーマン生活で、一時はそういうこともあるかもしれない。だが、ずっとそれを続けてはいけない。ダメだ。それでは、主客転倒した人生を送ることになるからだ。

いろいろな人生の幸福のなかで、私は何が幸福かといえば、家庭の円満を最上位の幸福に挙げたい。幸福度でいえば九〇点である。家庭が円満なら、ほかの条件がどうあれ、かなり満足した人生を過ごせるはずだ。

新婚時代ではないのだから、夫婦がそうベタベタする必要はない。好き同士でいい。お互いに子どもを大切に思い、夫が妻を大切にすれば、妻も夫を、そして子供を大切にする。好循環になる。

夫婦と子ども、自分と連れ合いの親を含めた人間集団が家族である。人間は有史以来、ずっと家族という単位で生きてきた。成人して懐かしく振り返るのは、自分の育った家庭だろう。逆に、家庭に苦い思い出しかない人間は、それを寂しく思うはずだ。

この思いが、すべてを語っている。何もむずかしい理屈はいらない。動物が巣を持つように、人間にも家庭という巣が必要だ。その巣は、いつだってくつろげる場所でなければならず、それがあれば人間は幸せなのだ。

もちろん、夫婦のみの場合も家庭である。ペットがいれば、それも家族の一員になる。また、親戚の人間や他人が加わることもある。そんな組み合わせでも家庭だ。

一つ屋根の下でともに暮らす人間が家族であり、家族のいるところが家庭である。男が仕事に精を出すのも、自分のためである以前に、家族のためだろう。そのことを忘れず、大切にしている男が、本当の男といえる。妻と向き合い、ときに子どもとも向き合う。それを避けては、家庭はうまくいかない。どんな問題が起こっても、父親は子どもから逃げてはいけないのだ。

戦後の核家族では、子どもが成長して独立すると夫婦のみになってしまうため、最近は「家族なんかつまらない」という考え方をする人がいる。それは誤った考え方だ。家庭とは、巣立っていく人間を育てるところであり、旅立っていく人間を見守り、見送るところだ。戦前の日本の家庭には、それがあった。核家族には、それがないから空しくなる。家族は多ければ多いほどいい。幸福を求めるなら、まず自分の家庭の円満を心がけよう。すべては、そこから始まるのだ。

第五章

いつもすることがあるのは
絶対、幸せである

野心家は、
たえず何かの後を追いかけている。
彼のいちばんの幸福は、
追いかけるのに忙しいことにある。

失敗ばかりしているのに、懲りずに挑戦し続ける人間がいる。傍から見ていると、「もう、やめればいいのに」と思う。こういう人間は不幸なのだろうか。アランは「そうではない」といっている。

なぜか。彼らは、すでに幸福を手に入れているからだ。たとえば研究者などがそうである。彼らから研究テーマを取り上げたら、たちまち腑抜けになるだろう。どんな苦労があろうとも、研究に取り組んでいることが彼らの幸福なのである。

サラリーマンも同じ。「忙しい、忙しい」といえるのは幸福な証拠だ。ただ、このことは渦中にいるときは実感しにくい。逆に「暇が欲しい」と思う。人は、つねに自分がいま持っていないものを欲しがるのだ。

サラリーマンのお仕置きの一つに「閑職に追いやる」というものがある。退職勧告をして従わない者がいるとき、よくとられる措置だ。どうでもいいような仕事ばかり与え続けていると、死ぬほど退屈して、自分から辞めていく。

現役で忙しい毎日を過ごしているあなたは、自分を少しも「幸せ」だと思わないかもしれない。「退職したら思いっきり休みたい」。だが、一週間何もしなかったら、間違いなく「忙しさ」が恋しくなるはずだ。暇は「ときどき」がいい。

警察署長は、もっとも幸福な人間の一人であろう。
なぜなら、たえず行動しているからだ。
それも、つねに変化する
予見不可能な状況の下で。

当時のフランスの警察署長は、自ら捜査に走り回る存在だったのだろう。それが、なぜ幸福なのか。さしずめ現代の私たちだったら、スリリングな活劇映画やドラマを見ているさまを思い浮かべればいい。

目先の現実がどうあれ、ドラマに浸っているときの私たちは、つかの間の楽しさを味わう。ワクワク感がある。終わればわれに返るが、警察署長は、ずっとそれが続く。責任感を抜きにして考えれば、興味のつきない仕事なのだろう。

個人タクシーに乗ると、似たような幸福を味わっている運転手に出会える。彼らは見知らぬ乗客を次々に乗せ、適当な会話を交わすことが、そのまま仕事になっている。実際、個人タクシーの運転手さんから、こんなことを聞かされることがよくある。

「孫が今年就職しましてね。女房と二人、気楽な年金暮らしですが、ずっと家にいるのも退屈なもんで。動けるうちは働くつもりですよ」

ふつうの退職者なら「どこへ行こうか」「何をしようか」と悩むのに、喫茶店や碁会所で四方山話をするのと同じレベルの楽しみを味わいながら、収入になるのだ。ささやかだが、いつもすることがあるのは、絶対に幸福といえる。

人は実力で勝つより、
運で勝つほうを得意がる。
「おめでとう」という言葉が、
まさにそのことを表している。

もし、神様から「一つだけ願いを聞いてやろう」といわれたら、あなたは何を願うだろうか。使い切れないほどのお金か、社会的地位か、名誉か、あるいは頭のよさや才能か、さまざま悩むに違いない。

私は昔から決めている。「運のよい人にしてください」である。これに勝る願いはない。運さえよければ、何も怖いものはない。どんなことにも挑戦できるし、他人から何をいわれても動じることはない。

他人が何かでよい結果を得たとき、みんなが「おめでとう」という。これは、その人の努力や実力を褒め称えるよりは、「幸運の女神がほほ笑んだ」ことを祝福しているのだ。

波瀾万丈の成功談も、よく聞いてみると、「自分が、いかに運に恵まれたか」を話していることが多い。自分の努力や才能はつけ足しになっている。運が味方についてくれたことを、無意識にもひけらかしたいのが人間である。

幸福になるためには、運を味方につけなければならない。懸命に実力を磨くのも、努力するのも、幸運の女神がほほ笑んでくれるのを願っているからだろう。

苦労を好む人はいない。
だが、自分で選んだとなると、たちまち満足する。
自分で進んで始めた苦労は、むしろ楽しみになる。

同じことでも、人から強制されてやるのは、イヤなものである。初めてもらった給料を前に、母親が提案する。「あなたはお金遣いが荒いから、半分預けなさい。私が貯金しておいてあげるから」。たぶん、息子も娘も断るだろう。

だが、同じことを自分の意志でやるなら、喜んでやる。サービス残業に不満をいう男も、自分で会社を興せば、二四時間働いても飽きない。むしろ、嬉々として働くに違いない。

仕事とは、そういうものである。中身は関係ない。近年、労災死がよく問題になるが、働かされると感じるのは心労が大きいのだ。働かせる側は、自分の意識ではなく、働かされる側の立場に立って考える必要がある。

同時に働く側にも、意識改革が必要だ。「これは会社の仕事」「無理やりやらされる仕事」「割の合わない残業」、こんな気持ちで働いていたら、それだけで疲労困憊《こんぱい》する。

自分の身を守りたいなら、仕事の中に、自分が進んで引き受けられる要素を見つけることだ。「嫌いなことを仕事にすると決めた瞬間、自分に刑罰を下したのと同じことだ」（ユダヤの格言）

真の楽しみというものは、
必ず先に苦しみを要求してくる。

いまは便利、スピードが好まれる世の中だ。その結果、何でもインスタントですませようという考え方に、みんなが慣れっこになっている。そのツケとして、本当の楽しみが味わえない人が増えている。

さらに不幸なのは、自分がそんな状態に置かれていることさえ気づかないことだ。「知らなければ知らないで、それなりに幸福ではないか」。そういう考え方もできるだろう。だが、それは夜郎自大の愚かさに似ている。

漢代中国の小国「野郎」の王は、周辺国がさらに小さな国ばかりであったため、自国は巨大な王国であると信じ切っていた。あるとき、宗主国・漢の使者が訪れた折、「貴国とわが国ではどちらが大国なのか」と尋ねて大恥をかいた。

たとえばCD音源は、昔のレコードに比べれば超便利である。だが音質は、よい装置で聴くレコードのほうが優れている。その代わり、レコードには高価な装置、雑音処理など多くの苦難があった。それを克服しなければ、至福の境地にたどり着けなかった。愛する人を得るための苦労だって同じだろう。

真の楽しみのためには、苦しみの税金を支払わねばならないのだ。

幸福というものは、
少々の苦痛を前提にしている。
だから、人生ではあまり平坦な道を
歩まないほうがいい。

こういう実話がある。入社したての新人に、上司が聞いた。「どんな部署で働きたいか」。新人は答えた。「いちばんむずかしい部署へやってください」。この新人は数十年後、その会社のトップに立った。小林一三翁である。

幸福は二種類あるといわれている。その渦中にあるときは退屈する幸福と、少しも退屈しない幸福である。王様の幸福は、退屈する幸福である。何もかもがお膳立てされていて、自分のすることがないからだ。

一方、好きな研究に寝食を忘れて打ち込める研究者は、まぎれもなく幸福だろう。遊ぶ暇もないが、退屈など考えられない。あなたはどちらの幸福を願うだろうか。もし王様の幸福を願うなら、退屈を覚悟しなければならない。

創業二代目にぼんくらが多く、先代の築いた事業をダメにしてしまうのは、退屈が災いしてろくでもないことを始めるからだ。幸福のいちばんの敵は退屈である。

それにしても、幸福はなぜ苦痛を前提にするのか。悪がなければ正義の意味がわからないように、幸福も少々の苦痛なしには、自分が幸福であることすら自覚できないからだ。幸福の渦中にいながら、少しもそれが実感できないとしたら、こんな不幸なことない。

汽車の中ほど、よいところはない。
ページをくる必要もなく、
季節や天候で移ろう景色をタダで見せてくれる。
しかし乗客は、新聞を読んだり、
時計を見たり、あくびばかりしている。

この文章が書かれたのは一九〇八年である。当時の汽車旅行は、いまより魅力的だったろう。それでもいまと同じ、心の余裕をなくした人間が存在していたのだ。

私の子供時代、電車の席に座ると、靴を脱いで窓にかじりつく子が大勢いた。いまはまったく見かけない。しかし、汽車の窓は依然として乗客を旅情へ誘う。それに気づく人が少なくなっただけである。

汽車の窓　はるかに北に　ふるさとの　山見え来れば　襟を正すも（石川啄木）

窓の景色を眺めながら、旅心を味わうには鈍行列車のほうがいいが、乗る機会が少なくなった。しかし、仕事の出張でも、その気になれば新幹線からでも窓外の景色は十分に楽しめる。

静岡近辺を走る新幹線で、外国人旅行客が、よく富士山を眺めてはしゃいでいる。あの素朴な気持ちを私たちも取り戻したいものだ。

移動する過程にこそ旅の真髄がある。「旅などする余裕はない」という人が多いが、それは嘘だろう。旅を味わう心の余裕がなくなったのである。

「なんにも用事はないけれど、汽車に乗つて大阪に行つて来ようと思ふ」といった内田百閒の『阿房列車』こそ、旅の醍醐味ではないか。

会社で出世すれば幸せか

サラリーマンにとって、出世は人生の大きなテーマである。

いまほど豊かでなかった時代は、立身出世をしないと「いい生活」ができなかったから、みんな、このことに目の色を変えた。ライバルを蹴飛ばしても出世を願ったものだ。出世をすれば給与も上がったし、部下にいばってもいられたのだ。

だが、いまは変わってきている。出世に興味のない人間が増えているのだ。一部の人たちにとっては依然として、出世は己の人生を賭けるに足る重要関心事である。はたして、サラリーマンは出世すれば幸せになれるのだろうか。

これはもう、その人の考え方次第だろう。出世したくてウズウズしている人間にとっては、思い通りに出世できたら最高に幸せだろう。目算通りにいかなくても、出世を目指すその生き方自体が、人生を充実させてくれる。このタイプは、やってみる価値はある。

いわば、出世競争というのは高校野球のようなものだ。野球部に入って甲子園を目指す球児たちは、その目的を達成するために、どんな苦労もいとわない。暑いときも寒いときも、懸命に練習に練習を励む。そういう生き方も悪くないだろう。

だが、その出世がもたらしてくれる幸福度はどのくらいか。私の考えでは、一〇〇点満点で五〇点といったところだ。出世は、役職という結論がはっきり出る。この点、丁半博打のようなものだから、確率は二分の一と考えればいい。

ただ、このゲームに参加する人は、次のことは心得ておくべきだ。自分の考える最高の地位まで上り詰めれば「幸せ」と思うのは、甘い。

古代ギリシャ王の廷臣にダモクレスという男がいた。彼が王の地位をうらやむと、王はダモクレスを王座に座らせた。ダモクレスが王座からふと見上げると、頭上には細い糸で吊るされた剣がぶら下がっていた。

出世に負ければ敗残者となるが、たとえ勝っても、トップの地位というのはこういう危険に満ちたものである。いつ、頭の上に剣が落ちてくるかわからない。その覚悟を持たないで、このゲームに参加するべきではないということだ。

以前にヒットしたテレビドラマ「半沢直樹」で描かれていた出世競争は、現実とよく似ていたのではないか。ドラマらしい誇張はあっても、である。ああいう世界をゲーム的に面白いと思うか、バカらしくてやってられないと思うか。その辺をよく考えてみることだ。あまりハードを望まないなら、分相応の「地位」にいればいい。

第六章

自分の意志でやることは、どんなことも楽しい

何事も、イヤイヤではなく、
自から進んでやってみよ。
それが、長続きする幸福を手に入れる
もっとも確実な方法だ。

レストランへ予約を入れたり、社員旅行の幹事役のような仕事を、「やりたくない」と思う人と、進んで引き受ける人がいる。この差は何か。イヤイヤか、進んでやれるかの違いである。

イヤイヤ派が面倒がってウンザリするようなことが、進んでやる派には少しも苦にならないのだ。むしろ楽しい。中身は同じ仕事なのに、前向きか後ろ向きかで、これだけ気分は違ってくる。

会社の仕事の大部分は、好き嫌いに関係なく、「しなければならない」ものだろう。だったら、イヤイヤではなく、嘘でも前向きに取り組んでみよう。そうすれば、楽しくなるはずだ。

幸福になるには「幸福になる方法を学びなさい」とよくいわれるが、直接的に「幸福になる方法」など、この世には存在しない。幸福はいつでも、ほかの好ましい状態を通じて間接的にわかるだけである。だが、そうやって自分からつくり出した幸福は決して色褪せないものだ。

自分の畑を耕すのであれば、
農業は最高に楽しい仕事である。
自分の意志で働くなら、
朝から晩まで働いても、決して退屈しない。

子どもでも大人でも、好きなことに夢中になっているときは、時間のたつのも忘れて没頭する。どんなにむずかしいことに取り組んでも、イヤだとは思わないし、疲れもまったく感じない。

いまやっている仕事も、そのようにできたら毎日は楽しいが、現実は、なかなかそう感じることができない。では、どうしたらいいか。三分間、何も考えずに、仕事に没頭してみることだ。

たった三分と思うだろうが、これには根拠がある。人の集中力の最小単位が三分間なのである。三分だけ脇目もふらずに、とにかく仕事に取り組む。それを繰り返していると、長く続けられるようになる。

それでも、集中できるのは、最長は六〇分くらいか。そこまできたら一息入れる。わずか三分では何もできないと思うかもしれないが、集中力を持った三分は、イヤイヤする仕事の一時間に匹敵する。イヤイヤする仕事が、いかに非効率的かがわかるだろう。

集中力とは無意識の意志である。自分では気づかないが、自ら進んでやっている。自分の意志でやることは、どんなことも楽しい。

仕事は着手することが、
何にもまして重要である。

仕事に関して、もっともためになる名言の一つは、これだろう。特別怠け者でなくても、目の前の仕事を、すぐに始めないことがよくある。何となく気が進まないなど理由はさまざまだが、やらない点では変わらない。

そういう人は、切羽詰まってから始める。それでは、いい仕事はできない。なかには贅沢な人がいて「やる気になったら……」などという。やる気に相談するのは最悪だ。どんな仕事も「すぐやる」がベストなやり方である。

誰もが仕事というものを誤解している。仕事には「楽しい仕事」と「楽しくない仕事」があると思っていることだ。着手しない段階では、それはあるかもしれない。だが、始めてみればわかるが、仕事はやって初めてつらさも楽しさもわかる。

もう一ついえば、「やさしい仕事」と「むずかしい仕事」があった場合、大方はむずかしい仕事を敬遠するが、これも間違い。やり甲斐があるのは「むずかしい仕事」のほうである。

また、「準備が整わないから」という人もいる。それは言い訳だ。始められるなら、少しくらい不足なものがあってもとにかく始めてみることだ。何より肝心なことは、思い切ってやり始めることなのである。

賢い人は、腕のいい植木屋のように、ムダな話や不要な事柄にハサミを入れる。そうしないと、人間はあらゆるものに注意を向けてしまうからだ。

仕事のできる人とできない人の違いは、会ってみるとすぐわかる。できる人は、すべての点でムダが少ない。テキパキと物事が進んで、小気味がよい。まさに腕のよい植木屋が、樹木にハサミを入れている感がある。

ときには、物足りなさを感じるくらいだ。打ち合わせが短時間ですんで、ちょっとムダ話でもと思っても、「では、これで失礼します」と、そそくさと帰っていく。約束が立て込んでいなくても、そのタイプは長居はしない。

その理由が、私にはよくわかる。その気になれば、さまざまな話題に応じられ、また興味も持っている。だが、「いまは仕事だから」とセーブしているのだ。したがって、水を向けると、嬉しそうに応じてくる。こういうタイプを、私は好ましいと思う。メリハリが利いているからだ。

ちょっと気を許すと、不要なモノで家がいっぱいになるように、興味や好奇心に任せたままでは、訳もわからず無意味なことに時間を費やすことになる。少なくとも、仕事の時間は合理的でありたい。毎日を忙しく過ごしながら、これといった成果の上げられない人は、時間の過ごし方に徹底してハサミを入れてみることだ。

いちばん楽しいこと

人間にとって、もっとも楽しいこととは、
非常にむずかしいが、
自由にやれる仕事をみんなで力を合わせて
やり遂げることであろう。

これはサラリーマンが覚えておきたい言葉だ。近頃、成果主義の風潮が強まり、社内の人間でもライバル視しなければならなくなっている。切磋琢磨という点で、それも必要なのかもしれない。きびしいビジネス環境の下、職場が仲良しクラブではやっていけないからだ。

だが、仕事はどんな場合も楽しくやるべきで、そのためには仕事自体が喜びであるようにしないとよい結果は得られない。どうすれば仕事を楽しめるか。職場のリーダーが覚えておくべきは、それぞれ「個人に一定の自由度」を与えることである。

このことは、野球やサッカーのような団体スポーツ競技を見ればよくわかる。一人ひとりが役割を担い、その範囲内では自由に振る舞える環境を整えれば、どんな困難な役割でも、個人は喜んで取り組むようになる。

同時に、個人が全体に奉仕する意識も忘れさせないこと。いわゆるチームプレーである。成果主義は個人プレーに傾きがちだが、社内で足の引っ張り合いをやっていては、どうにもならない。

「本当に幸福になれる者は、人に奉仕する道を探し求め、ついにそれを見出した者である」（シュバイツアー）

私が好きな旅というのは、
立ち止まっては、また改めて、
同じものを違う角度から眺めるような旅である。
私には、そのほうが一〇〇キロ行くことより、
ずっとすばらしい。

旅行に行く人は多いが、真に旅の醍醐味を味わっている人は少ないような気がする。駆け足旅行が多いからだ。「せっかく来たのだから、あれもこれも見ておこう」と欲張ってしまう。カメラやスマホで、写真撮影に夢中になる。

本当に見る目というものが養われていないと、ただぼんやり眺めただけで終わる。後で「ここも行った、あそこへも行った」と話題にするだけで、何もわかっていないことになる。

それでは、もったいない。いつまでたっても旅の本当の醍醐味を味わえない。旅とは、その場所へ体を運ぶだけでは何の意味もないのだ。

風景の本当の豊かさは、その細部にある。駆け足で見ていたら、みんな同じように見えてくるものだ。山でも寺でも、何でも似たものに見えてくる。肝心なのは見る目を養うことだ。見る目を養えば、どこを旅しても、尽きない喜びを感じられるようになる。

では、どうやって見る目を養うか。駆け足をやめ、一つのものを、角度を変えて見るようにすることだ。一見、もったいないようだが、そうすることで見る目はだんだん養える。目が肥えれば、どこへ行っても、心から旅を楽しめるようになる。

過去と未来が存在するのは、
それを考えるときだけである。
考えなければ過去も未来も存在しない。
自分で自分を苦しめているすべての人に、
私はいいたい。
「いまのことだけを考えなさい」

年金の心配をするのは、未来を心配することにほかならない。認知症の心配をするのも、寝たきりの自分を心配するのも同じ。しかし、出来事というのは、よくも悪くも期待通りにはいかないものだ。

未来を心配するというのは、まだ、どう転ぶかわからないことを、悪く受け取って気をもんでいるにすぎない。初めから負けを想定して試合に臨むようなもの。そんなバカげたことは、やめたほうがいい。

過去はどうか。過去について考えるとき、いちばんいいのは「食べてしまった飯のようなもの」（森鷗外）と思うことだ。うまかったにしろ、まずかったにしろ、どちらにしても後の祭り。ああだこうだいっても、どうなるものでもない。

にもかかわらず、私たちは、過去がどうだったとか、未来が心配だとか、いろいろ考える。そのせいで、肝心の現在を台なしにしていることに気づくべきだ。

現在を少しでもよくなるようにすることが、過去を思い出深いものに、さらに将来を明るい希望に満ちたものにする。

生きている舞台は、現在にしかない。

死者は死んではいない。
彼らは助言し、意欲し、同意し、
非難することさえできる。
私たちの心の内に、十分生きているからだ。

西洋人は、死者との対話ということをあまりしない。アランのこういう考え方はむしろ珍しいほうだろう。東洋系の人たち、とくに日本人は、死者ともよく交流する。そういう思想を持っている。

お盆というのは、日本に古くからある先祖供養のための習慣だ。夏になると、亡くなったおじいちゃん、おばあちゃんが家に帰ってくる。迎え火で迎えられ、数日滞在した後、送り火であの世へ戻っていく。こうして一年に一度、私たちは死者と交流している。

いまのお盆行事は形式に流れ、小正月のようなものになってしまっているが、趣旨に沿って、もっと死者と交わったほうがいいのではないか。いらずらばかりする子どもに「おじいちゃんに叱ってもらいますよ」くらいはいってもいい。

私が育った頃は、そういう時代だった。もちろん、そんなことは信じもしなかったが、死者との交流の心は培われた。この習慣をもっと大切にすべきだろう。

悩みを抱えたり、ピンチに陥ったとき、先祖が頼りになることに、きっと気がつくはずだ。

仕事に成功すれば幸せか

仕事は、人生の伴侶でもある。とくに男にとってはそうだ。「男＝仕事」なのである。仕事があるから人生楽しいし、生きる甲斐もある。私自身のことをいえば、脳が正常に働いているかぎり、いくつになっても仕事をしていたいと思う。

仕事があるから、趣味や娯楽も息抜きとして楽しいし、家庭も憩いを提供してくれる場として大切にできる。仕事なしの人生などありえない。いまの仕事ではなくても、たぶん同じだろうと思う。

したがって、仕事で成功すれば幸せな気持ちになれる。だが、それが最高の幸せかというと、そうとも言い切れない。嬉しいのはほんのひと時で、また次の仕事の世界に入っていってしまうからだ。

幸せ感をゆっくり味わうということがない。だからといって不幸なわけではなく、総合的に考えれば、そんなライフスタイルを続けていられること自体が、地味だが、自分では幸せなのだと思う。

では、仕事で成功することの幸福度はどのくらいかということだが、「ずっと好きな仕事を続けられる」を前提に、九〇点をつけてもいいと思う。家庭円満の幸福と同じ点数だ。男が家庭をほっぽり出しても仕事に没頭してしまうのは、幸福度が高いからだ。もちろん、仕事と家庭のバランス感覚は大切である。

小さな会社が次々とでき、また消えていくのは、それだけ失敗が多いからだ。日本の企業の九九・二％は中小企業である。多くは赤字企業だが、それでも朝から夜遅くまで、一生懸命に働く。そんな仕事が好きな人間によって、日本経済は支えられているのだ。

こういう現実を考えれば、仕事人間を「働き過ぎ」などと安易に批判しないことだ。少なくとも自分で起業をして頑張っている人間は、規模の大小や成功失敗に関係なく、一定の尊敬の念を抱いてほしい。そんな会社に勤め、安月給でも仕事に誇りを持って働いている人間も同様である。

欧米諸国が、日本人の働き過ぎや待遇などにあれこれ口を挟むのは、一種の策略なのだ。勤勉で優秀な日本人に懸命に働かれたら、元来が怠け者の彼らは日本に負けてしまう。牽制しているのである。

一方で、働きたくない人間は、働かなくてかまわない。それは別に非難されることでも何でもない。だが、働く幸福を知っている人間が働くことに、他人が余計なことをいわないのが礼儀だろう。

第七章

忘れることがあるから、悲しみから救われる

過去をあれこれ考えることから
生まれる悲しみは、
何の役にも立たないばかりか、有害でさえある。
なぜなら、それはいたずらに私たちを反省させ、
よけいな思いを強いるようになるからである。

世の中には、いたずらに過去を振り返っては悲しみ、そこから抜け出せない人がいる。そういう人の気が知れない。過去なんか、どうでもいいではないか。「悲しいから仕方がない」という人がいる。本当に仕方がないのか。自分から好んで、そうしてはいないか。

幼子を事故で失った親の悲しみは深いに違いない。また、ほかにも人生には悲しいことがたくさんある。だが、いつまでも悲しみに浸っているのはどうか。どこかで悲しみを断ち切って、立ち直るべきだろう。そうでなければ、その人の人生は、悲しみが続いている時点で終わったことになる。

過去の不幸な出来事を「いつまでも忘れるな」という言い方もされる。二度と同じ過ちを繰り返さないために、それは必要なことでもある。しかし、メモリアルとして遺すのはいいが、それに留めるべきだ。

人間は忘れることがあるから、悲しみから救われる。前に進んでいける。いつまでも悲しみを忘れないのは、悲しみという感情に負けたことにならないか。アランは「悲しみには抵抗しろ」といっている。正しいようだ。

思い出というものには、
後から起きた事柄も混じっていて、
つねに脚色されているものだ。

思い出くらいアテにならないものはない。このことを、あなたはどこまで自覚しているか。もし自覚していないなら、今日から考え方を改めたほうがいい。それによって、人生もずいぶん違ってくるからだ。

恋いこがれた初恋の人に、何十年後かに再会すると、抱いていたイメージとあまりに違っていることに驚く。こういう経験を持つ人もいるだろう。

思い出は過去の事実に基づいていて、「事実は動かせない」と考えるかもしれない。たしかに事実は動かせない。だが、思い出は事実そのものではない。「事実と思い込んだもの」が思い出の正体である。

そのうえ、記憶というものは、以後の経験や現在の状況によっても影響を受けるから、いつも同じではない。そんな記憶を寄せ集めた思い出が、いかにアテにならないものかわかるはずだ。

思い出を大切にするのはけっこうだが、この扱い方には、以上述べたようなことを頭に入れてかかる必要がある。過去の出来事が、現在のあなたの土台の一部になっていることは否定しないが、思い出を通じて過去にこだわると、「初恋の人」のように錯覚することになる。過去は過去として、葬らしめよ。

ストレス解消の知恵

不幸を、いちいち点検するのはやめなさい。
それは自分の体を引っ掻いているようなものだ。
それより、込み入った仕事や困難な行動に
飛び込むほうが、ずっと体にやさしい。

「掻き壊し」というのがある。かゆいところを掻いて、ますますひどい状態にしてしまうことだ。たとえば傷が治りかけたとき、カサブタをはがすと血が出る。自分の身に起きた不幸をいちいち点検するのは、これに似ている。

気になることがあると、クヨクヨとそのことばかり一日中考えている人がいる。そして、不幸な考えをより掘り下げて、悲しんだり苦しんだりする。少しよくなった傷を、また掻きむしって台なしにしてしまうのだ。

こういうときは、何が必要か。行動である。どんなことでもいいから、考えるのをやめて行動してみることだ。

「あっち向いてホイ」という遊びがある。じゃんけんで勝った者が指さす方向と違うほうへ、顔を向けられるかどうかを競う他愛のない遊びだ。

祇園のお座敷から始まったそうだが、実際にやってみると案外むずかしい。むずかしいから、夢中になれる。

祇園に遊びに来た事業家は、こんな遊びで息抜きをしているのだ。私たちも、これを見習ったらいい。

「万事、ますます悪くなるだろう」などと、
決していわないこと。
そんなふうに考えてもいけない。
なぜなら、一度口にした言葉というものは、
途方もない力を持っているからだ。

この落とし穴にハマる人は少なくない。無理もない。感情がそう思わせているからだ。問題は、その感情につられて、マイナスの言葉にすることだ。言葉は、主に理性の領域のものである。かりに感情がそちらへ導いても、その手には乗らないこと。だが、これができない人も少なくない。出がけに玄関先でつまずいただけで、よくない一日を予感する。待ち合わせ時間に恋人が現れないだけで、最悪の想像をあれこれ巡らせる。

考えるときの道具は言葉だから、そういうときの当人の頭の中は、不吉な言葉でいっぱいのはず。そんな調子で、人生、うまくいくはずがない。自分をいちばん裏切りやすい感情を野放しにしておくと、こういうことになる。

感情とは「自然」と同じようなもので、私たちが天気をどうにもできないように、感情の移ろいを止めることはできない。だが、雨が降ると思えば外出を控えたり、傘の用意ができる。同じように、生じた感情のマイナスを避けることは可能だ。カギを握っているのが言葉である。したがって、できるだけプラスの言葉を口にするよう心がけることだ。

怒っている人間は、正しくものを見ることも、
判断することもできない。
ただ、自分に向かって大見得を切っている
悲劇役者にすぎない。

怒りっぽい人には、耳が痛いはずだ。人間が怒るときには、いくつかの特徴がある。一つは、怒る理由があると思っていること。それから、その理由が正しいと信じている。だから「怒って当然」なのだ。

だが、残念ながら、これらはすべて的外れである。怒るというのは、恐怖の感情に似て、刺激に対する反応にすぎない。きっかけが何であれ、怒ってしまったら筋肉の痙攣《けいれん》であり、発作と変わらない。

では、「怒って当然」と思ったのは何だったのか。人との関係でいえば、不快な感情を生じさせた他人への、しっぺ返しをするための理由づけのようなもの。何もなくてはしっぺ返しができないから、その理由を考えるのだ。

だが、人には怒らなければならない理由などない。なぜなら、すべてほかの感情にすり替えられるからだ。にもかかわらず、怒ることを選択する人を、アランは観客のいない芝居小屋で一人芝居を演じる「悲劇役者」といった。

つまり、傍から見ると滑稽《こっけい》なだけということになる。つけ加えれば、怒ると叱るは別物である。

「自信のある者は、あまり怒らない」（三木清）

病人を前にして、悲しんではならない。
むしろ、希望を持たせるべきだ。
病人に限らず、人が他人にしてあげられるのは、
自分の持っている希望を語ることである。

病気見舞いが苦手だ。するのもされるのも気が重い。どちらも面倒な気がする。病人と一緒に悲しんでも仕方がない。

東日本大震災のとき、一人のおばあさんがとった態度は立派だった。救援物資を持って駆けつけた人たちに、ていねいに頭を下げた後、こういったのだ。

「私は、いま間に合っていますから、せっかくですが、ほかの人に差し上げてください。私は気持ちだけいただきます」

このおばあさんは、何も受け取らなかったのか。そんなことはない。人が困っているとき支援に駆けつける人がいたということで、人とのつながりを強く感じたはずだ。それだけで十分だったのだ。同時に、病気見舞いのようなことはしてもらいたくなかったのだろう。

病気に限らず、人は不幸な出来事に遭遇したとき、自分なりの方法でそこから立ち直ろうとしている。そういうとき、悲しみを共有するような態度を他人からとられるのは、迷惑なこともある。

希望のよいところは、希望には根拠などまったくいらないからである。

生きるのが困難になればなるほど、
人間はよく苦労に耐え、
より多くの楽しみを味わうようになる。
なぜなら、これから起こるかもしれないという
想像上の不幸まで、
考えている余裕などないからである。

幼い子どもを三人抱えて、呑んだくれ亭主と離婚した母親は、食べるのに精いっぱいで、自分の身の上を考えている暇などない。必死に働き、子育てをするだろう。後で振り返って、「あのときこそ、いちばん幸福だったのだ」と思い当たる。

人生の幸福とは、渦中にいるときはなかなか実感できないものだ。このことは「小人閑居にして、不善をなす」という言葉がよく表している。閑居とは「退屈する」こと。退屈するくらいだから、大きな悩みや苦労は抱えていない。

これは、いわば幸福な状態といっていいが、そう思わない人も多い。思わないどころか、暇に任せて自分から不幸をつくり出す。人間があれこれ不幸の種を考えるのは、決まって暇なときだ。

自分のことを考え出すと、なぜか不平不満が募ってくる。してもらったことを忘れ、してもらえなかったことばかりに頭がいく。人間、放っておくとマイナス思考に陥りがちになる。

大富豪の長男が、親に優遇された三男の財産を分捕ろうと訴訟を起こし、負けたという話が新聞に出ていた。長男は指折りの金持ちなのに、さぞかし不幸な人生を送っているに違いない。自業自得である。

他人を許そうと思うなら、
まず自分を許すことが先決である。

人に恨みを抱いたまま生きるのは、つらいことである。幸福な人生をはじめから放棄するようなものだ。いちばん損な生き方ではないか。だが、そんな生き方をする人がけっこういる。

誰かからひどい目に遭わされ、不幸のどん底に落とされたら、相手を恨んで当然だろう。相手に復讐してやろうと思うのも、自然な感情だ。綿密に計画を立て、準備し行動するのは楽しい。復讐劇が人生の目的になり、充実した人生を送れるかもしれない。デュマの傑作『モンテ・クリスト伯』は、そういう小説だ。

ためしに、あの小説のストーリーを変えてみる。「首尾よく脱獄に成功したエドモン・ダンテスは莫大な財宝を手に入れました。とたん、復讐なんかケロッと忘れてしまい、大金持ちの慈善家として充実した一生を送りましたとさ」

小説としてはまったく面白くなくなるが、本物の人生ではこういう選択肢だってありだろう。ダンテスにそれができなかったのは、どうしても決着をつけない自分が許せなかったからだ。

自分を許せないために、わざわざ厄介な人生を送る人は少なくない。あなたは、どうだろうか。

夜空の星や水平線を眺めると、目はくつろぐ。
目がくつろぎを得ているとき、考えは自由になり、
歩調は確かなものになる。
自分のことなど考えるな。もっと遠くを見よ。

これは現代人とって、なかなかよいアドバイスだ。とくに、いつも憂うつな気分でいる人には効く。現代人は、目も心も遠くを見る習慣に乏しい。目はすぐ間近のパソコンやスマホばかり見ているし、心も目先のことばかりに気をとられている。

近くを見たり、また遠くを見たりすることで、目は健康を保つことができる。近くばかり見ていると近眼になる。心も同じで、自分の足もとを見ることも大切だが、広い視野で遠くを見なければいけない。

「自分は決して近視眼的にものを見ていない。遠くも見据えて考えている」などと反論が出るかもしれない。だが、遠くを見るとは、将来を考えることではない。それは自分のことだからだ。

たとえば山に登って、頂上から広大な自然を目の当たりにするとき、自分の存在すら忘れた深い感動が味わえる。また、帰り道に夜空を仰いで「今日は三日月か」と思うとき、当面の悩みは忘れている。

端的にいえば、現代人はもっと自分から遠ざかる時間が必要だということだ。

「自然の美は、人心の中において、それ自身を再造す」（北村透谷）

年の順に死ねば幸せか

最大の親不孝は、「親より先に死ぬこと」といわれてきた。

人の不幸はいろいろあるが、悲しくても順序通りなら、あきらめもつく。祖父母が死に、親が他界し……と、まずまずの年齢の順番なら「仕方がないか」と納得もできる。親の葬式に出席しても、なぐさめの言葉がある。だが、子の葬式に出るのは何よりつらいものである。

ここから「順逆の二縁」という発想が出てくる。順縁とは順序通りに運ぶこと、逆縁とは順序が逆さまになること。人の死も順縁なら、幸せということができる。多くの人は、そのように考えている。

だが、長生きできるようになって、少し事情が変わってきてはいないか。私はそう考える。順逆の発想は、一回きりの人生の場合だ。いまは人生第二幕があるから、必ずしも昔通りにはいかない。

人生第二幕を充実して乗り切り、九十歳、百歳と長生きする親がいる一方で、第一幕の最中、まだ働き盛りの中年の息子が病に倒れることもありうる。そう考えれば、極端な言い方になるかもしれないが、いまの時代は、順逆の二縁にあまりこだわらなくてもいいのかもしれない。

私の周辺にも、子息や子女を先に亡くされた人がいる。当座の悲しみは深かっただろうが、みんなそこから立ち直って、従来にもまして社会的に活躍している人がほとんどだ。「子どものぶんまで生きてやる」。こういう考え方を持てば、元気に生きられるだろう。

そこで以前からいわれているように、年の順に死ねば幸せかといえば、昔ほど順番にこだわる必要はないものの、やはりそれ以外には考えられないだろう。

そのような死に方ができるのなら、私はその幸福度に八〇点はつけたい。つまり、自分がきちんと順序通りに死んでいけるとき、そんな自分のめぐり合わせに「感謝すべきではないか」ということだ。

いまは、女性のほうが圧倒的に長生きである。百歳老人にいたっては、女性率が九割近い。男は、女性の一割しか百歳の大台にたどり着けない。だが、年の順に死ぬという点では、これも納得がいくことではないか。

男が平均寿命の近辺で死ぬとき、多くの妻は夫よりまだ若い。夫が死んだ後、いくら長生きしても、それは夫に関係ないことで、とやかくいう権利はない。妻にも子どもにも先駆けて死んでいく自分は、幸せ者なのである。

第八章

よいことを思えばよいことが、悪いことを思えば悪いことが起きる

「また雨か、イヤだな」といってみても、
何の役にも立たない。
だったら「雨もいいものだ」といってみたらどうか。
そのほうが、あなたにとってはきっとよいはずだ。

誰だって、雨降りの日に出かけるのは気がすすまない。できれば、晴れていてほしい。それでも、雨。そういうときは、ことさら雨のことなど考えず、さっさと傘を持って家を出てみると、イヤな気分などどこかへ飛んでいってしまう。「イヤだな」という思いを抱えたまま出かけると、不快な気分からは、なかなか立ち直れない。

仕事も同じだ。その仕事がひどく難儀だったり、気乗りしないものであっても、黙々とやり続ければ気にならなくなる。思いがけない楽しさを発見できるかもしれない。どんな仕事にも楽しさはある。イヤな気分でやっていると、ますますイヤになり、ろくな結果は得られない。

しかし、気分がイヤだといっていることを、「いいものだ」と引っくり返すことなどできるだろうか。それには、気分に聞かないことだ。自動改札を通り抜けなければ駅構内に入れないように、機械的に行動する。同時に、アランがすすめているように、気分が抱くのと反対のことを、あえて思ってみる。

ほんの少し意志を働かせれば、それはできる。マイナス思考は放っておいても気分がそちらへと導いてくれる。プラス思考のほうは、意志によって自分から導かなければならない。悲観主義は気分により、楽観主義は意志による。

いまの不幸のほかに何も考えられなかったら、別の角度から考えてみるといい。

美女にフラれた男は、おばあさんになったその女と二人の生活を想像してみることだ。

堂々巡りということがある。いくら考えても同じ考えしか浮かばない。失恋した男は、失った恋の大きさばかりに気持ちがいく。そのことばかりの堂々巡りだ。

そういうとき、逆に自分がフッていたとしたら、相手はどんな態度をとっただろうか。こう考えてみるのも悪くない。そこから逃れられないときは、考え方の角度を変えてみるのだ。

想像力というのは右脳が支配しているといわれるが、現代人は左脳が勝ったものの考え方をするから、想像するのは苦手のようだ。意外に、思い込み人間が多いのである。

一世一代の失恋でもしようものなら、嘆きばかりが先に立ち、身も世もない状態になってしまう。ストーカー犯罪などを見ていると、「どうして、ほかの考え方ができないのか」ともどかしく思う。

そこから脱却する一つの方法は、自分がいま陥っている考え方を逆さまにしてみること。これには意志が必要になるが、左脳支配の現代人なら、それができないということはないはず。アランがいっているのは、それなのだ。

怒りの発作が人間にとって恐ろしいのは、
冷静さを失わせることである。
そういうときは、
肉体的に怒りを鎮める働きかけだけを
考えればいい。

刑務所にいる人間が聞いたら、みんな「そうだ」と納得するだろう。冷静さを失った結果、そこへ入るハメになった人たちがほとんどだからだ。

咳は出そうになっても我慢したほうがいい、とよくいわれる。出始めると、咳が咳を呼んで止まらなくなるからだ。怒りの感情も咳に似て、一度怒り出すと、何をいわれても、ますます怒りが大きくなる。

心臓はドキドキし、筋肉は緊張から縮まる。この状態は発作を起こしたのと同じで、とても冷静ではいられない。何らかの手当てを必要とする。トイレを我慢しているときのことを考えてみればいい。

要するに、怒りとは内容よりも、体に起きた変化に特徴がある。体に起こっている変化を鎮めるためには、なだめるしかない。

理屈は怒りをよりエスカレートさせるから、それは一切やめて、ひたすらなだめる。何よりも先にとにかくなだめること。怒りに対する対応はそれが先決であり、それだけでいい。

難破して助かることもあれば、
穏やかな海で溺死することもある。
肝心なことは、
顔を水の外に出していられるかどうかだ。

恐れの感情は、とても強い。恐怖に襲われると、人は錯乱してどうしていいかわからなくなる。たとえば、船の上で大嵐に直面し、大揺れに揺れたとき、「嵐が収まらなければ自分は助からない」と考えてしまいがちだ。

だが、アランがいうように、顔を水の外に出していさえすれば、生き延びられるのだ。こういう考え方ができれば、少しは冷静さを取り戻せるはず。

湘南の海で、シュノーケルをつけて潜っていた若者が波に流された。彼は一昼夜漂った後、漁船に発見され、無事に救助された。彼は、こう語っている。

「仰向けになって、できるだけ体を動かさず、じっとしていました」

彼が恐れからパニックになり、バタバタしていたら、とうてい助からなかっただろう。こういう状況では悪い想像ばかりが先に立ち、恐怖心をあおる。彼が顔を水面から出すことだけを考えたのは、実に賢明だった。

現実の恐怖より、心の中でつくり上げている恐れのほうが、ずっとひどいということを肝に銘じるべきだ。恐怖は無知から生じる。私たちが恐れるものなど、何もないのだ。恐怖には、恐怖に対する恐怖しかない。

人間は、自分以外にほとんど敵はいない。
最大の敵は、つねに自分自身である。

大昔からいわれてきた言葉だが、これほど自覚されていない言葉も少ないだろう。みんな、敵は外部にいると思っている。

たしかに、外にも敵はいる。だが、外には味方もいる。味方は、なぜ味方になってくれるのか。敵は、なぜ敵になったのかをよく考えてみればいい。そこに自ずと自分の存在が浮かび上がってくる。

すべては自分次第ということだ。敵はずっと敵であるわけではなく、味方もずっと味方であるとは限らない。戦争では、敵ははっきりしている。受験でも出世競争でも、「あいつは敵だ」と決めることができる。

だが、どちらも永遠の敵ではない。受験も出世競争も、結論が出ればそこで敵対関係は終わる。そもそも人とのつきあいは、期間限定だから、いつまでも敵ということはありえない。

しかし、自分はどうか。一生つきあうのが自分自身だ。その自分に、つねにイヤな言葉を投げかけたり、判断を誤ったり、ムダな心配をしたりして、いつしか自分を敵にしてしまう。自分が嫌いになるとは、自分を敵視することだ。もっとも簡単で最良の敵対策は、自分を好きになることである。

何もできないと思えば、私は何もできない。
期待に裏切られると思えば、期待は私を裏切る。
よい天気をつくり出すのも、嵐をつくり出すのも、
すべて自分自身だ。

怖いほど、これは当たっている。自分の人生は、自分の思い描いたとおりになっていることに気づく必要がある。よいことを思えばよいことが起き、悪いことを思えば悪いことが起きる。

未来には、独りでにできる未来と、自分がつくり出す未来がある。年をとっていくのは、独りでにそうなる未来である。災害に遭うのも、自分の力ではどうにもならない。そのような未来には、素直に従うしかない。

だが、自分でつくれる未来は、できるだけよいものにしたいはずだ。そう思うならそうなるように考え、そうなるよう行動するのがいい。ところが、多くの人は逆をやる。アランが、ここで指摘しているのはそのことだ。

一度や二度失敗しただけで、「自分はダメな人間だ」と悲観してしまう。「そうなってほしいが、たぶんダメだろう」と、わざわざ自分が望んでいるのとは反対の想像をする。そうやって、幸福をみすみす取り逃がしている。

自分が望むなら、それをはっきり自分に宣言しよう。いつもは無理かもしれないが、メリハリをつけて生きればいい。天気の日や雨の日があるように、人生にもよいときと悪いときがある。どんな人生も、自分の思ったとおりになっている。

世の中は、タダで味わえる楽しみに
満ちあふれている。
多くの人たちは、それを見過ごしている。
もっと目を大きく開いて、
楽しみを見つける努力をしてごらん。

ふと夜空を見上げて、「星って、こんなにあったのか」と改めて驚いた経験はないだろうか。都会に住んでいると、どこへ行っても明るいので、空を見上げても星など見えないことがほとんどだ。だが、自然はちゃんと存在している。

四季折々の自然の変化を楽しむ心の余裕を持った人がいないわけではないが、現役で忙しく仕事をしている人ほど、自然から遠ざかっている。そのような生活態度が、どれだけ幸せ感を奪っているか、たまには考えたほうがいい。

養老孟司さんが講演で、「通い慣れた道の脇に咲いている草花を眺めるのが日課」と話していた。「さすが」と思った。自然が、無料で無上の楽しみを提供していることを見逃していない。

何をするにもお金がかかるいまの世の中だが、視点を変えれば、太陽も空も海も山も、存在するだけで、私たちに大きな喜びを与えてくれる。それに気がつかないのは、もったいないことではないか。

「自然はそれを愛《め》でるものを裏切ったことはない」(ワーズワース)

悪くいわれたり、悪く思われたりすることのない
人間などいない。
よくいわれたり、よく思われたりすることのない
人間も、またいない。

どんな場合でも、人から悪くいわれれば、いい気持ちはしない。これが人間の自然な気持ちだ。だが、残念なことに、よくいわれるよりは、悪くいわれることのほうが多い。悪口に限って、自分の耳に聞こえてくるからだ。

逆に、よくいわれたことはすぐに忘れる。なぜか悪口のほうが、心に深く刻み込まれる。中身は当人にとって不本意なものがほとんどだから、それは違うと、訂正したい衝動に駆られやすい。

悪口には、どう対処したらいいのか。大リーグに在籍していたときの松井秀喜選手が、観衆のブーイングについてこんなことをいっている。

「英語がよくわからなかったせいもありますが、僕は全部、自分への声援だと受け止めていましたね」

悪口への態度としては、とても賢明だと思う。悪くいわれたら、こう思えばいい。

「悪口をいわれるほうはつねに主役であり、いうほうは脇役である」。劇作家の寺山修司氏の言葉だ。悪口に過剰に反応するのは、「いった甲斐があった」と相手に思わせる点で、すでに負け戦である。

怒りに任せて何かいうとき、
正しくいえることは、
一〇〇〇回に一回もない。

怒っているときは頭の回転も速く、次々と言葉も浮かんできて、ふだんいえないこともズバリいえてしまう。たまには怒るのも悪くない。こんなふうに思っている人もいるのではないか。

アランのこの言葉は、それを否定している。どちらが正しいのか。

微妙なところだろう。経験的にいえば、怒ると一種の興奮状態にはなるが、頭のどこかはシンと冴えていて、「われながら」と感心するような言葉がポンポン飛び出す。それほど間違ったことをいうとも思えない。

結局、怒り方なのだと思う。われを忘れるような怒り方はよくない。アドレナリンが出っ放しで、いいことをいっているようで、後で振り返ると「いわなければよかった」と後悔するような内容であることが多いからだ。

それゆえ、めったに怒らない人間が激昂《げっこう》したときは要注意だ。逆鱗に触れた可能性がある。アランが問題にしているような怒り方だ。怒る側には、それがわかるはず。もし、自分がそんな怒り方をしてしまったら、足がつったのと同じことだから、思い切りブレーキをかけるべきだ。

馬車に乗せられ、断頭台へ連れて行かれる人は、
あわれむべきである。
しかし、もし彼がほかのことを
考えているとしたら、
現在の私以上に不幸ではあるまい。

アランが、こんな実例を挙げている。埠頭で海の中に落ち、死にそうになった人の経験談だ。彼は沈みながら、水中のある光景を美しいと感じた。彼は、それに見とれていたというのだ。

そのとき、彼は死の恐怖など感じなかったという。そんな状況にあっても、人間はほかのことを考えることができる存在でもあるのだ。これは驚くべきことではないだろうか。

死ぬかもしれない大ケガをして、タンカで運ばれている人が、あまり痛がったり、苦しんだりしていないのを不思議に思ったことはないだろうか。人間の体は、限度を超えると、いままでとは違った生理になるに違いない。

死も、そのように考えられる。死が間近に迫ると、多くの人はバタバタしなくなる。悟りでもないのだろうが、それに似た状態になる人が多い。臨死体験をした人は、確実に「人が変わる」。それもよいほうへ変わる。死をいちばん恐れているのは、もっとも死から遠い状況にある人たちなのかもしれない。

「往生は大事なることのやすき也」(『一言芳談』)

会社が大きくなれば幸せか

サラリーマンは自分の勤めている会社が大きくなれば、それだけいい目が見られる。それを楽しみに、組織の歯車に徹して生きるのも一つの選択だ。多くの人は、そういう生き方をする。あまり知られていなかった小さな会社が、人口に膾炙《かいしゃ》するようになれば、勤めている本人も嬉しいだろう。

草創期のソニーは町工場であり、典型的な中小企業だった。だが、技術力で世界の舞台を駆け上がり、比較的短い期間に巨大企業にまで成長した。ソニーが上場したとき、創業時からいた掃除のおばさんまでが、わずかな持ち株で大金持ちになったといわれた。

おそらくホンダでも、ずっと昔の松下電器（現パナソニック）でも、同じようないい思いをした人間がいたことだろう。しかし、この可能性はいまも少なくない。あっという間に大きくなる速度は、いまのほうが速い。すぐに上場までこぎつけられるから、そういう夢を抱くのも幸せといえるだろう。楽天やユニクロなど数年で大きくなった企業もある。

かつてビル・ゲイツが大富豪ともてはやされ出したとき、「こんな人は二度と現れない」といわれた。だが、そんなことはない。現にザッカーバーグが出現したではないか。

　これからだって同じだ。確率は低いかもしれないが、あなたの勤めている企業がそうならないとは限らない。同じ夢を持つなら、そういう夢を持って、いまの仕事に精を出してみるのもいいだろう。

　ただ、会社が大きくなるのを夢見ること、その夢に向かって邁進《まいしん》することの幸福度は、六〇点くらいだと思う。リーダー的立場になれば、自分が起業したのとほとんど変わらないが、歯車で生きるとしたらそんなものではないか。

　それでも私は、そんな生き方を是としたい。なぜなら、仕事にだけ没頭する生き方よりも、さまざまな幸福を味わえるからだ。家庭も大事にできるし、夫婦の和も保てる。出世競争で疲弊することもない。

「中道を歩んで極端に走らず」という戒めの言葉がある。幸せを求めるときも、この言葉は有効である。誰もがうらやむような幸せを性急に求めるな。そういう幸福は足が速い。手に入れても失いやすいのだ。

　地味で誰の目にも止まらない幸せ感、それを私は「いいとこ取りの幸せ」と呼びたい。いいとこ取りの幸せは、色褪せないものだ。

第九章

上機嫌は、人を幸福へと導く

もし、私が生き方論の本を書くことになったら、
すべての人に真っ先にすすめたいのは、
「いつも上機嫌であれ」
ということである。

だまされたと思って、一日でもいいから、上機嫌オンリーで生きてみないか。その効果に驚くに違いない。上機嫌というものは、他人にも自分にも、よいものを振りまくだけでなく、周囲にたちまち伝染して、みんなを幸福の世界へと誘う。アランが「真っ先にすすめたい」という意味がよくわかる。

現れるだけで、その場がパッと明るくなる――そんな雰囲気を持った人がときどきいる。どんな人なのか。いつも上機嫌でいる人ではないか。機嫌というのは、それほど人に与える影響が大きいのだ。

したがって、どんな環境や境遇にあろうとも、いつも上機嫌に「振る舞う」のがコツだ。この訓練を積んでいくと、どんな気分のときでも、上機嫌に振る舞えるようになる。

本心は気分が上々なわけでもないのに、見かけだけ上機嫌に振る舞って、いいことでもあるのだろうか。そんな疑問を持つ人もいるだろう。だが、いいことはある。少なくとも幸福がどんなものか、おぼろげに実感でき、やがてそれは本物になる。いわば、幸福学校への体験入学のようなものと思えばいい。

不運、とりわけつまらない不運に対して、
上機嫌に振る舞ってみたまえ。
急な坂道があなたの足腰を鍛えるように、
あなたの心を大いに鍛えることになる。

電車に乗り遅れる、にわか雨に遭う、肝心なものを忘れる——今日はツイてないな。そんなときは、いつもと同じ反応ではなく、できるだけ上機嫌に振る舞ってみることである。

ふだん、実につまらないことで不機嫌になってしまうのが人間だ。朝、歯を磨こうとしたら、歯磨き粉が切れていた。楽しみに新聞をとりに行ったら、休刊日だった——たったこれだけのことで、不快な一日を過ごす。

自分だってイヤなのに、どうしても気持ちがそうなってしまうのは、一種の条件反射によるものだ。思考習慣といってもいい。困るのは、これを続けていると、いいことがあまり起きない。それでは困る。

自分を変えたくて、自己啓発の本を買って読む。納得できる点が多々あり、さっそく試してみるが、三日坊主で終わる。理由は気分の下降線。原因はささいな不運が重なったから——こんなことの繰り返しで、人生の貴重な時間を費やしてはいけない。

幸運は、不運をどう扱ったかによって決まるものだ。

心の健康のためには、
同じことを二度考えるな。

「エッ」と驚く人がいることだろう。無茶な言い分である。考え抜くとは、繰り返し考えることではないのか。思慮深いとは、一つの考えを反芻《はんすう》することではないのか。同じことを二度、三度と考えないでどうする——。

だが、アランの言い分はこうだ。たとえば占い師から、よくない自分の将来を予言されたら、クヨクヨとそのことを考えるに違いない。人によっては記憶に深く刻まれて、何かにつけてそのことを考えさせられる。

「あなたは、将来、○○ガンになります」

そういわれたが最後、「○○ガン」は人生で特別な意味を持ってしまう。打ち消そうとしても、簡単には消えない。「○○ガン急増」「誰それが○○ガンで亡くなる」という新聞の活字が真っ先に目に飛び込んでくる。

一種のトラウマであり、心の健康を害しかねない。この呪縛から逃れるために、同じことをクヨクヨ考えるのはやめよ、ということだ。

たしかにクヨクヨ考えて体を壊すことはあっても、元気になったという話は聞いたことがない。

悪い演奏にブーイングを浴びせるより、
よい演奏に盛大な拍手を送るほうが
ずっといいし、ずっと正しい。

これは、感情のコントロールについて述べている。スポーツの試合でも、演奏会でも、人々の反応には愛憎が入り混じっている。気に入った者は拍手喝采、気に入らなければブーイングの嵐だ。

人間同士のつきあいでも、仕事でも、その他のことでも、私たちは理性で判断するよりも、感情によって判断し、行動することが多い。その結果、どういうことが起きているかというと、愛したり、憎んだりのちゃんぽんだ。

ある人には愛を持ってつきあい、別の人には憎しみを抱く。愛と憎しみは、感情の一家で親戚同士だから、愛が急に憎しみに変わることも稀《まれ》ではない。人生が、感情面で忙しいのはそのせいでもある。

そんな面倒なことはやめよ、とアランはいっている。憎しみからやっていることを、愛によって行うようにしたら、不幸を少なくする強力な手段となる、と彼はいいたいのだ。

私も賛成だ。それができれば、世界のもめ事も、個人間のもめ事も、ほとんどなくなるだろう。

喜びを目覚めさせるためには、
何かのきっかけが必要だ。
おいしさを味わうために、
食べることが必要なように。
喜びのためには、まず笑うのがいい。

人生、少しも楽しくないと思って生きている人がいる。なぜそうなのか、考えてみたことがあるだろうか。人生が楽しくて仕方のない人がうらやましくないか。そういう生き方をしてみたくはないか。

もし、それを望むなら、もっと笑うよう心がけることだ。それも冷笑、嘲笑のような悪意のある笑いではなく、心の底から笑ってみるのだ。

そんなことができるか。ふつうは、むずかしいだろう。だが、一つよい方法がある。最近、笑いの研究で明らかになったのは、無理して笑っても、笑いの効果が得られるということだ。

笑いの効力は、免疫力を高めることが確かめられている。ガン患者に落語を聴かせたら、免疫細胞の一つであるＮＫ細胞が増えた。これは、笑いの病気への効用だが、体調がよくなることは確実に喜びにつながる。

笑わない人は「笑えることがないから」というが、それは間違いだ。よく笑っている人は、必ずしも材料があって笑っているのではない。笑うと心地よく、体の調子もよくなることを体験的に知っていて笑う人も大勢いる。そうと知れば、あなたも笑ってみる気になるのではないか。

不安や嫉妬、後悔からくる
「しかめっ面」は、
誰にも似合わない。

歯が痛くてしかめっ面をしても、人は納得してくれるとは限らない。自分に向けた不愉快のメッセージ、と受け取る人もいる。後で誤解とわかっても、わだかまりがすべて消えるわけではない。誰にだって不安はある。嫉妬もする。後悔することもある。だが、みんなが同じ顔つきではない。

しかめっ面をする人もいれば、自分でコントロールして、穏やかな表情ですませられる人もいる。鏡の前で自分だけに見せるのならまだしも、人前でのしかめっ面は、自分ではわからない。それで影響を軽んじてしまいがちだが、人は見ていないようで見ているもの。表情で、あなたの人格は測られる。

したがって、どんな場合でも人前でしかめっ面などしてはいけない。洋服であれば、赤が似合う人、黄色が似合う人、緑が似合うといろいろだが、しかめっ面ばかりは、どんな人にも似合わない。就活がうまくいかないのは、気づかずにしている、そのしかめっ面のせいかもしれない。

しかめっ面は、幸福にいちばん縁遠い表情といえる。では、直すにはどうしたらいいのか。そちらを直すよりも、よい笑顔をつくれるようにすることだ。よい笑顔は、テクニックではなく、心の持ち方次第なのだ。

こだわりと無頓着、
もし、どちらかを選べるとしたら、
私は無頓着のほうを選びたい。

こだわり男と無頓着男。デートで、男からきめ細かい気配りをしてもらえると、大方の女性はよい印象を持つ。前の彼氏がガサツなタイプだったりしたら、なおさらだ。たちまち気配り男にほれ込んでしまうかもしれない。

だが、人の長所と短所は盾の両面。そういう男がストーカー体質というのは、よくあることだ。何かのきっかけで別れ話を持ち出そうものなら、持ち前のきめ細かさで攻めきて、気づいたときには、がんじがらめにされている。

「この男の、ここが好き」というとき、その特性を悪く発揮されたらどうなるのかも考えておく必要がある。こだわりの強い男は、簡単に物事をあきらめないぶん、頼もしい点もあるが、それが悪いほうへ向かうとひどい目に遭う。

無頓着というのは、気質が大ざっぱなことだ。気配り男のきめ細かさはない。その代わり、こちらも気を使わないですむ気楽さがある。アランがこちらを選んだのは、長続きする幸福のためには、断然有利だからである。

アランは『定義集』という著作の中で、「魂の偉大さは、小さなことにはほとんど頓着しない」と述べている。少なくとも「別れ話のもつれで……」などという事件に巻き込まれる気遣いはない。

私が上機嫌をすすめるのは、
お互いに贈り合うことで、
何倍にもふくらむ宝物だからだ。

上機嫌は、アランが繰り返しすすめる幸福論のキーワードの一つだ。

彼は、なぜそれほどまでにこだわるのか。人間にとって最大の敵は自分自身であり、さらにいえば、自分の感情である。つまり一人の人間にとって、人生の敵とは自分の感情なのである。

この感情をコントロールする最良の手段として、彼は「上機嫌」を発見した。ほかの幸福論で、上機嫌を強調している本は見当たらない。考えれば考えるほど、上機嫌は人を幸福へと導く媒体として優れている。この言葉もその一つだ。あなたが上機嫌であれば、やがて相手も上機嫌になる。

そうして、上機嫌のやりとりが始まる。二人の上機嫌はレベルが上がるだけでなく、周囲にもよい影響を及ぼす。そうやって、あちこちに上機嫌の種がまかれ、あちこちで芽吹く。みんなが上機嫌になれば、世の中から一切の争い事がなくなるのではないか――アランは、そこまで考えて上機嫌のすすめを説く。

「かくして、上機嫌の波はあなたの周囲にひろがり、あらゆる物事を、またあなた自身をも、軽やかにするだろう。それには限りがない」

第十章

礼儀だけでも、世の中は渡っていける

どんな礼儀にも共通する要素がある。
粗暴な感じや興奮した感じのする
表情、気配、態度、振る舞いは、
すべて無作法である。

いまどき「礼儀云々」を言い出すと、うっとうしく感じる人もいるだろう。だがアランは、上機嫌と並んで、幸福をつかむ要素として「礼儀」をことのほか重視したことで知られる。

最近は、昔ほど礼儀にやかましくなくなっている。だが、礼儀は人生ですごく大切なことだ。礼儀だけでも、世の中は渡っていける。「およそ、諍《いさか》いは必ず無礼から起こる」（貝原益軒）というくらいだから、諍いを起こさないだけでも、幸福な人生の半分くらいは手に入れたようなものだ。

「粗暴な感じや興奮した感じの表情」のすべてを無作法と決めつけるのは、少し言い過ぎではないか。こんな思いをする人もいることだろう。粗暴はともかく、興奮した表情は嬉しくてもするからだ。

アランの考えでは「相手を落ち着かなくさせる」ものは、何であれ礼儀から外れている。幸福というものは、平和で安定して静かでなければならない。その考えにすべて同調はしないが、何であれ、相手に心理的な負担、重圧をかけるような言動は、礼儀から外れていると思う。

思いついたことをすぐ口にしたり、最初の印象に固執したり、驚き、嫌悪、楽しさなどを、慎みなく態度に表すような軽はずみな人間は、無作法な人である。

慎みのなさを、率直と誤解している人たちがいる。そういう人は「率直にいわせてもらえば……」と前置きして、とてつもなく無礼なことをいう。自分で無礼と気づかないところが救いがたい。

また、嬉しいあまりに飛びはねたり、抱きついたりするのも、無礼、無作法のうちに入る。なぜなら、礼儀では慎みが大切だからだ。この点で注意すべきは、思いついたことを、すぐ言葉にするタイプの言語感覚である。

雨の日、外から戻ってきた人が、びっしょり濡れている。「ずぶ濡れじゃないか」「着替えれば」。こんなセリフが、ごく自然に出ても不思議ではない。

言葉そのものは無礼でも何でもない。だが、相手によって、また相手と自分の立場によっては、失礼な言い草になる。思ったことをすぐ口にするのは、礼儀上は危険であることを心得ておくことだ。

年長社員が、年下上司の昔の印象をよく考えもせず言葉にしたり、新人女子社員が、廊下でゴミを拾っている社長を、清掃人と間違えるなどというのも、軽はずみな言動がもたらす無作法だ。

「礼儀作法は、各人がその肖像を映す鏡である」（ゲーテ）

本当のことを語るにしても、
声を張り上げないほうがいい。
そして、真実のなかから、
よいことのみを選んでいってやるほうがいい。

「だから、お前はダメなんだ」。たとえ、それが真実だとしても、親心から出たものでも、激しい調子でいわれたら、そちらに気をとられ、叱られたように思うだろう。こういう言い方をする人は損である。

どんな場合でも、相手の自尊心を傷つけてはいけない。思いやりは、こちらが与える恩恵の一面もあるが、気をつけないと自尊心を傷つける。善意が、善意として伝わらないこともある。

こちらが善意でしたことで、相手の自尊心を傷つけてしまうことがよくある。そういうときは心外な気持ちになるが、きっかけは自分だから、相手に不満を持つのではなく、自分のほうが反省する必要がある。

いちばんいいのが、アランのこの言葉のように振る舞うことである。人には、いつも穏やかに話す。決して声を張り上げない。人は話の中身よりも、声の調子で判断することのほうが多いのだ。

親切という名のおせっかい、思いやりという名の偽善、という言葉がある。たしかにそうした側面はあるが、誤解されやすいということ。だからこそ、人とのつきあいでは声を張り上げないことが何より大切になってくる。

お辞儀をしたり、
ほほ笑むことは、
その反対の動作をできなくするという
大いなる利点がある。

礼儀は、最近の日本人がわりと忘れていることである。とかく堅苦しい礼儀は敬遠されやすい。だが、もう一度、礼儀というものについて、よく考え直してみる必要があるのではないか。

私の子供時代、大人はもっと礼儀作法にやかましかった。来客があった場合に、子どもはどう振る舞えばいいか、言葉遣いから立ち居振る舞いまで、いろいろとしつけられたものだ。

こうした作法は、上の世代から下の世代へと引き継がれていくものだが、核家族化が進んだため、団塊世代を最後に途絶えてしまった。部分的には残っているが、何とも心もとない限りである。

人間は姿勢によって、心持ちも変わる。宗教儀式がそうだ。ひざまずけば謙虚な気持ちになれる。お辞儀は、それに準じるものといえるだろう。こう考えれば、礼儀作法がたんに表面的なものでないことが理解できるはずだ。

幸福を願うなら、人と出会ったときはお辞儀をして、ほほ笑んでみることだ。相手がそれに応えれば、それだけであなたは幸福になれる。真の幸福とはそういうものの積み重ねである。「わざわいは無礼より起こる」（寒河正親）

よく知っている人より、
知らない人との交流のほうがうまくいくのは、
知らない人間の前では、ふだんよりも
自分をよく見せようとするからである。

人との交際術を学ぶ点で、この言葉は役に立つ。家族は仲良しだが、一方で骨肉の争いもする。親しい者同士ほど、争ったときは深刻になる。理由は、はっきりしている。お互いに遠慮がないからだ。

知らない人間とつきあうときは、手探りになるから、まず自分をよく見せようとする。自ずと自分の感情にブレーキがかかる。向こうも同じ気持ちだから、人間関係はスムーズに運ぶ。

人づきあいで、いちばん遠い関係の人といえば、見知らぬ外国人だろう。日本人は外国人に愛想がいい。それと同じことを、ふだんづきあいの仲間にもしてみればいい。つまり、誰とつきあうときでも、一種の他人行儀を貫くのだ。

文句をいいたくなっても、直接的な言い方をしないようにする。お世辞が嫌いでも、ときにはお世辞もいってみる。

「心を込めてつきあえば、必ず相手に通じる」なんて嘘だ。こんな言葉を安易に信じてはいけない。相手は自分ではない。自分をよく見せる努力は、どんなに親しい間柄の人に対しても必要だと肝に銘じたい。

他人に向かって、「あなたは顔色が悪いですよ」などと迂闊にいってはならない。

人が傷つくのは、何気なくいわれた、こういう一言によってである。前置きがあってからなら、非難されてもどうということはない。こちらも覚悟のうえで聞くか、聞き流してしまえるからだ。

人との交際がうまくいかない人のなかには、それに気づかないで、この悪意のない「何気ない一言」をいってしまう人をよく見かける。

たとえば、人前で受験生に試験結果を尋ねるなどがそれに当たる。合格ならいいが、落ちていたら、何とも間の悪いことになる。試験結果は、向こうがいうまで聞かないのが礼儀。だが、それがわかっていない人がいる。

顔色が明らかに悪ければ、何かある。受験結果と同じだ。向こうから言い出すまで待つか、遠回しに探りを入れる。病気見舞いに行って、無神経なセリフを吐く人間は、人前に出せない。

常識を備えた人間は、いまいったようなことを、きちんとわきまえて行動しているが、だからといって、無神経な一言を連発する人に忠告はしない。「教えてくれればいいのに」は通用しないのだ。なぜなら、そんな指摘をすること自体が、「あなたは顔色が悪い」と同じくらいに無神経だからである。

夫婦仲の秘訣は、他人と交際することである。
交際は人を忙しくさせ、
気分を一新するだけでなく、
夫婦の間にも一定の礼儀を持ち込むからである。

夫婦ゲンカの最中に来客があると、自動的に一時休戦になる。さっきの罵り合いが嘘のように、「ちょっと、あなた、お願い」「よし、わかった」などと、夫婦協力してその場を取り繕うものである。

これを見かけだけと思ってはいけない。本当に気分が一新されるからだ。これと同じことが、ペットでも起きる。険悪になった二人の間にペットが闖入してくると、意識がそちらに向けられて、一時的に収まるものだ。

「親しき仲にも礼儀あり」はよい言葉だ。人間関係が上手な人は、みんなこの言葉を座右の銘にしているに違いない。人前では妻を罵れない。ぞんざいな口も利けない。そんなことをすれば、人格を疑われる。

よそ行きのつきあいになるのは、よいことなのだ。恋人時代を思い出してみればいい。お互いが感情にブレーキをかけ、自分のよいところばかりを見せようとしたはずだ。アンケートによれば、夫婦仲でいちばん大切なのは「会話」だそうである。よい会話は、礼節なしに成り立たない。

お互いに沈黙だけでは、夫婦仲はよくならない。

何かにつけ、非難の表情を浮かべる顔からは、
さっさと逃げ出すがよい。
人は、すぐに他人を真似てしまうからである。

「朱に交われば赤くなる」。このことわざを甘く見ないことだ。自分ではしっかりしているつもりでも、周囲がそうだと、知らないうちに似たように考え、似た行動をするようになる。

悪い仲間と一緒にいると、だんだん悪くなる。よい仲間に混じれば、その影響でよい人間になっていく。行動だけではなく、考え方でもそうなのだ。

たとえば、オリンピックに何の興味を持っていない人間でも、東京開催が決まり、マスコミをはじめみんなが大喜びすると、わけもなく自分も嬉しくなってくる。考え方が共鳴するのだ。

こういうことだから、どんなことにも非難の目を向け、怒りの表情を露わにするような集団のなかに混じっていると、いつしか同調するようになる。これは決して好ましいことではない。

いまの社会は民主主義なので、社会的に何かをしようとすると、数の力が必要になる。そのため、どんな勢力も同調者を集めるのに熱心だ。それだけ、他人に染まりやすい環境にいるといえる。どんな美辞麗句であっても、否定的な考え方をベースにした勢力には同調しないほうがいい。幸福とは縁のない集団だからである。

人混みの中で少しくらい突き飛ばされても、
笑ってすませると心に決めておこう。
そうすれば、大きな腹立ちや、
さまざまな病気を免れるだろう。

「こういうことをいわれたら、されたら自分は怒る」というものを、誰もが持っている。腹立ちパターンである。それがどんなものであるか、一度点検してみるといい。そして、できるだけ少なくなるよう努力する。

電車の中で足を踏まれたとき、人がとる態度はさまざまだ。穏やかにすませる人もいれば、激しく怒る人もいる。露骨にイヤな顔をする人もいる。

とるに足りない、実に瑣末《さまつ》な出来事なのだが、それが大事の引き金になることもしばしば。人間には、虫の居所というものがあるからだ。瑣末な出来事を、なめてはいけない。

私だって、気分の悪いときは、つまらないことでもムカつく。この種の感情の働きは、みんな同じだ。ただ、出会い頭の場合が多いから、無意識に反応してしまいがち。だから、ふだんから心の中でシミュレーションしておくのだ。

つまらないことで怒らなくなり、健康でいられるなら、それだけで幸福へ一歩近づくではないか。幸福になりたければ、日常の瑣末なことにも心を配ろう。日常生活とは、瑣末な出来事の集まりのようなものだからである。

「夫婦相和し」なら幸せか

「夫婦相和し」とは、夫婦がお互いに思いやって仲睦まじくすることである。戦前の日本人の道徳標語「教育勅語」には、親への「孝行」、兄弟姉妹への「友愛」と並んで、「夫婦の和」として、一二徳目の一つに数えられていた。それくらい価値観の定まったものだ。「夫婦相和し、朋友信じ……」と続く。

夫婦仲のよいことが、悪かろうはずがない。では「夫婦相和し」であれば幸せかというと、必ずしもそうではないところが人生のむずかしさだ。

もちろん、仲がよければ二人は幸せだろうが、未来永劫に続くとは限らない。夫婦仲が悪くなれば、その結果、周囲を不幸にしたり、人から非難を浴びたりでは、心安らかに幸せを享受できない。

教育勅語は、夫婦がたくさん子どもをつくり、親の養育も夫婦がすることを前提にしていたが、少子核家族化の現代では、その前提が崩れた。結果、どうも核家族での生き方がどこか独りよがりになりがちなので、円満家庭の夫婦仲とは一緒にできないのだ。児童虐待家庭で、いくら夫婦仲がよくても意味をなさないだろう。

だが、そう思わせるケースが児童虐待報道などから推測できる。夫のため、妻のために虐待する場合もあるからだ。また、昔からある心中なども、愛し合った結果、追い詰められての選択だから、やはり幸せとは言い切れまい。けっこうむずかしいとは、そういう意味である。

だからといって、愛し合う二人が仲睦ましいのは、最良の人間関係だから、幸福度においては一〇〇点かもしれない。同時に、いろいろな障害があって、当人同士はアテが外れてゼロ点と思うかもしれない。「夫婦相和し」の幸福度は、時と場合で変わるのだ。したがって、採点不能というのが私の判断だ。

一ついえることは、社会で生きるというのは、他人との人間関係がなくては成り立たないということ。他人とのつきあいを考えれば、「二人だけがよければいい」という考え方を捨てること。それなしの「夫婦相和し」は、決して幸せをもたらさない。そう覚悟しておいたほうがいい。

「夫婦相和し」で、本当に幸せな人生を送りたいなら、他人とのつきあいを多くすることだ。他人が介入してくることで、夫婦仲のマンネリも一新されるだろうし、他との比較において自分たちの幸福度も測れる。また、いずれ一人暮らしになった場合の準備もできるではないか。

第十一章

自分から幸福になれる人間以上に、強い人間はいない

人に幸福を与えるには、
まず自分が幸福でなければならない。
自分の幸福を持たない者は、
それを人に与えられず、
人からそれを受け取れない。

自分を不幸だと思っている人間は、他人を幸福にできない。この言葉は、わきまえておくべき重みを持つ。自分が幸福ではないのに、人を幸福にしてやろうと思っている人間が少なくないからだ。

自分の幸福を犠牲にして、ほれた女や女房、子どもの幸せを優先するのは、潔く男らしい感じがするが、間違ったやり方だ。自分が持っていないものを、人にはやれない。簡単な理屈である。

では、どうすればいいか。まず、自分が自分の力で幸福を獲得することだ。自分の力で得た幸福は、色褪せない本物の幸福だ。それから、周囲の人間の幸福を考えてあげればいい。

ものを書く人間が、書く喜びによって他人を楽しませるように、自分が幸福にならないと、女房、子どもにも幸福を渡してやることができないのだ。幸福を人に与えたければ、まず自分の力で、自分の幸福を獲得する必要がある。

不幸な男女が、お互いを慰め合うように一緒になることがよくあるが、お互い自分の力で幸福を獲得するよう努めないと、うまくはいかないだろう。与えるものを持たず、受け取る資格のない者同士の組み合わせだからである。

幸福を自分自身の外に求めるかぎり、
何一つ幸福の姿を
とっているものはない。

案外気づいていないのが、この考え方だと思う。幸福の尺度は、人によって違うものだ。あることで、人が幸福そうな顔をしているからと、それを求め手に入れても、あなたは幸福を感じないかもしれない。

自分でじかに手に触れてみないかぎり、それはわからない。だから、あまり人の真似はしないほうがいい。メーテルリンクの『青い鳥』の話は、それを教えてくれているのだ。

カール・ブッセの詩「山のあなたの空遠く、幸い住むと人のいう」も、人の噂につられて出かけて行って、結局は幸せをつかめなかった、という内容だ。それでも、また懲りずに出かけていくのが人間の常ともいえる。

絶望していないかぎり、人は幸福といえるかもしれない。アランは「自分が将来幸福になると期待を持てる人は、すでに幸福を手に入れている」といっている。期待できることが、幸福だというのだ。

誰もが納得できる考え方ではないが、世間に出回っている幸福印のついた商品は、ニセモノが多いと理解しておけばいい。幸福とは結局、水のようなものなのかもしれない。

人が与えてくれる幸福を
待っているだけの生き方は、
本当の人生とはいえない。

駅で電車を待つように、幸福が迎えに来るのを待っている人がいる。問題は、どうやって待つかだ。何の用意も準備もせずに、運だけを頼りに、じっと待つような待ち方では幸福を得るのはむずかしい。

同じ待つでも、準備をきちんとやって待てば、やってきた幸福を素通りさせることはない。シンデレラ伝説は、そうした少女の物語である。玉の輿の幸福というのも決してないわけではない。

幸福になろうと心に決めたなら、どんな形であれ、自分から取りに行く姿勢を見せなければならない。じっとしているのは空しい。そんな空しさのなかで、いたずらに時間だけを浪費していいのか。

アランは、そういう幸福を「身につかない幸福」といっている。遺産が転げ込むとか、宝くじが当たる幸福を待つ人がそうだ。

この種の幸福は、外套《がいとう》を脱ぐように簡単に自分から離れていく。そんな幸福を求めないことだ。得ても空しい幸福である。真に幸福になりたければ、やはり努力が不可欠なのである。

社会は、要求しない者には
何も与えてくれない。
要求するとは、
「要求し続ける」ことである。

「世の中間違っている」。こんな言い方をする人がよくいる。知識人に多い。世の中の仕組みをよく知っていて、その不備を突く。いうことだけを聞いているぶんには「ご立派」としかいいようがない。

行動家のなかにも、同じことをいう人がいる。彼らの言い分は、主に思い通りにならなかったことへの不平や不満だ。真面目な人間が報われず、ずるいことをした人間が繁栄する。「こんな不公平は是正しなければ……」

私にいわせれば、どちらも負け犬の遠吠えだ。世の中の現実は、おおむね正しいのではないか。真面目な人間が報われないこともあるが、社会は彼らがいうほど不公平なものでもない。

もっと、アランのこの言葉をかみしめたほうがいい。ときに社会が非情に思えるのは、かゆいところに手が届くような思いやりに欠けるからだろう。自分から取りに行かなければ、何一つ与えてくれないのが社会というものだ。

彼らの不満の最大の原因は、「要求し続けなかった」ことにある。そうなったのは、彼らが真にそれを望まなかったからにほかならない。

お金は、それを敬う人のところへ行く。
私はいままで、裕福になろうと欲して、
なれなかった人に会ったことがない。

「本当か？」と思う人が多いのではないか。ずっと裕福になりたいと思い、それなりに努力してきたのに、まだ望みが叶わない、と。

マーフィーの有名な成功理論に、「切に望むことは必ず実現する」という法則がある。アランの言葉は、この法則と似ている。

肝心なことは「切に」望んだかどうかだ。アランは、こういっている。

「詩人だってお金が欲しいと思っている。だが、詩人はめったに金持ちにはなれない。なぜなら、お金を望みはするが、本気で欲していないからである」

どんなものであれ、本気で手に入れたものは、大切に扱う。お金だって同じだ。本当に裕福なりたいと欲していれば、いまあるお金を大切にする。それができるかできないかが、富裕者になれるかどうかの分かれ道にもなる。

たんに「欲しい」は望みであり、本気で「欲しい！」は欲すること。アランは、このように使い分けている。マーフィーの「切に」は、アランの「欲する」に該当する。人はいろいろな望みを持つが、どれも本気ではないことがほとんどなのだ。アランは人間が本気になったときの「すごみ」というものを、暗に教えてくれている。

自分の不幸は、
人にいわないことだ。
聞かされても誰も喜ばないし、
いわなければ自分も忘れている。

これは、ちょっと違うのではないかと思う人がきっといるだろう。「他人の不幸は蜜の味」、聞くのはみんな好きなはずだ。たしかにそのとおりだが、そんな人ばかりではない。聞かされて本気で同情する人もいる。しかし、そういう人たちも、本音は聞きたくなかったはずである。

他人の不幸を喜ぶ人たちが、どんな喜び方をするか知っているだろうか。彼らは自分と比べる。「自分のほうがまだマシ」と思いたいのだ。つまり、喜ぶのは概して幸福ではない人たちである。

もう一つ、自分の不幸を語る大きなマイナス点がある。それは、自分自身が不幸を抱きしめてしまうことだ。人に語るたびに、不幸を思い出さなければならない。話さなければ忘れているものを、わざわざ思い出してどうするのか。

人に語るときは、面白おかしく語ろうとする気持ちが人間にはある。不幸話の場合は、不幸であればあるほど聞き手は耳を傾ける。ドラマの大半がそうだ。だが、現実にも、その不幸に脚色が始まり、当人はいつの間にか悲劇の主人公に昇格する。そんなバカげたことは、一刻も早くやめるに限る。

幸福になることは、
他人に対する義務でもある。
このことに気づいている人は
少ない。

義務という言葉に、引っかかる人がいるかもしれない。「義務はないだろう。自分は少しも幸福など求めていない。女子どもじゃあるまいし。否定はしないが、求めもしない」。こういう勇ましいことをいう人もいる。

昔の賢者は、幸福を求めなかったのだろうか。アランによれば、賢者たちはみんな幸福を求めた。それも世界の幸福とか、万人の幸福ではなく、自分の幸福を求めた。それは了見の狭い考え方だろうか。

再三いってきたように、まず自分が幸福でなければ、人に幸福を与えられない。だとすれば、まず自分自身の幸福を求めないでどうする？　自らがお手本になるためにも、彼らにとって幸福になることは義務でもあったのだ。

近代に入って、現代の賢者、知識人たちは逆のことをいっている。「万人の幸福のために、世界の平和のために」。だが、そのせいで、自分が少しも幸福ではないから、人を幸福にすることもできなくなっている。

幸福を義務といったのは、アランに限らない。英国の作家スティーブンソンはこういっている。「幸福になる義務ほど、過小評価されている義務はない」。これからは税金並みの義務と思って幸福を求めよう。自分ため、万人のためにもだ。

自分自身の力で
幸福になれた者は、
他人の協力でさらに幸福になり、
より力を持つようになる。

幸福に「なりたい」という人は大勢いるが、「なるぞ」と宣言する人は少ない。この違いの大きさに気がつく必要がある。

たとえば、夫に心から愛されている妻は幸福だが、それは与えられた幸福である。何かの拍子に、夫が愛してくれなくなれば、たちまち不幸のどん底に落とされる。自分で得たものではないからである。

宝くじに当たって、金持ちになった人の幸福も同じだ。お金を使い果たせば、そこでおしまい。稼ぐ能力を持っていないからである。この種の幸福は、事情が変わればすぐに失われてしまう。

では、そうではない幸福とは何か。すべてを失い、身一つになっても揺るぎない幸福のことである。そんな幸福はあるのか。

自分の力で獲得すれば、それは可能だ。人から与えられたり、偶然手に入れた幸福でもよいが、自分自身で獲得する幸福も必ず持つことだ。そういう幸福を獲得できる力を持つ人には、必ず協力する人間が現れ、その幸福を盤石にしてくれる。自分から幸福になれる人間以上に、強い人間はいない。幸福な人間もいない。

中途半端に考えようとしないことだ。
するなら没頭せよ。
さもなければ、
全然考えないかどちらかだ。

私たちが、よくやってしまうのがこれ。中途半端な考え方だ。何か問題が起きると、そのことについて考えはするが、没頭したとはいえないことがほとんどだ。ただ困るのは、そのときは自覚がないことである。

自分の気持ちのうえでは、十分真剣に考えているつもりなのだが、後で冷静になって、もっと深く真剣に考えたときに、初めてそうでなかったことに気がつく。そして、必ずこう思うのだ。

「どうして、あのとき、この真剣さをもって取り組んでいなかったのか。そうすれば、とっくの昔にすんでいたのに」

明日が試験という前日に勉強を始めると、誰でもふだんとは違った真剣さを見せるものだ。そういうときはスラスラとよく頭に入る。だが、いままで怠けたツケで完璧とはいかない。

本気で真剣に考え、取り組めば、誰でも想像以上の能力を持つ。だが、切羽詰まらないと、そうしない。できる人は、この使い分けがうまい。彼らは決して中途半端には終わらせないのだ。

ともあれ、私たちは幸福になることを
誓わなければならない。何もしないでいたら、
自らの手でたちまち不幸を
つくり出してしまうのが人間なのだから。

日本人は「誓う」ということをあまりしないので、この言葉には疑問を感じる人もいるのではないか。

とくに男は「幸福なんて……」と考える人も少なくない。だが、この忠告には従っておいたほうがいい。どんなものでも、求めなければ、決して手に入ることはないからだ。

お金は儲けようと思わなければ儲からないし、貯めようと思わなければ貯まらない。同じように幸福も求めなければ、幸福になることはできない。

何もしないでいると不幸になるというのは、「小人閑居にして不善をなす」という言葉が、その意味をよく表している。暇というのは、悪いことではないが、この時間を上手に利用できる人はめったにいない。

アランの幸福論の結論の言葉が、これである。本当に「そうだ」と思う。不幸など誰も望んでいないのに、考えること、することが、そちらへ向かっている人が多い。これは個人ばかりでなく、社会もそうだ。一人ひとりが真に幸福を望み、努力をすれば、世界全体が幸福になる。

参考資料

『幸福論』アラン著／神谷幹夫訳（岩波文庫）
『幸福論』アラン著／白井健三郎訳（集英社文庫）
『幸福論』アラン著／村井章子訳（日経ＢＰ社）

川北義則の名著シリーズ
アラン　幸福論

著　者　川　北　義　則
発行者　真　船　美　保　子
発行所　KKロングセラーズ
〒169-0075　東京都新宿区高田馬場2-1-2
電　話　03-3204-5161(代)

印刷・太陽印刷　　製本・難波製本

ISBN978-4-8454-2334-7
Printed in Japan 2014